プラズマ現代叢書 8

トランプのあがき

このアメリカ第一主義とどう闘うか

松代秀樹
椿原清孝 編著

プラズマ出版

トランプのあがき——このアメリカ第一主義とどう闘うか

目次

〈表紙の絵〉世界の覇権をめぐって抗争する国家権力者ども　椛　画

はじめに

アメリカ大統領トランプは言った。

「日本を好きだし、日本とはすばらしい関係にある。しかし、日本との間には興味深いディールが存在する。われわれは日本を守らなければならないが、日本はわれわれを守る必要がない。いったい誰がこんなディールを結んだのか」と。

彼は、日米安全保障条約の内容が不公平だ、と指弾したのである。これは、われわれアメリカは日本を守っているのだから、日本もアメリカを守れ、日米安保条約を双務的なものとせよ、と要求したものにほかならない。これは、日本の首相・石破茂が、首相の座に就く前に主張していた、日米安保条約を対等なものとする、という持論と内容上同じである。

日本もアメリカも、西側の帝国主義国家である。日本の国家権力者は、アメリカの国家権力者の尻押しにほくそえみながら、中国および北朝鮮の軍事基地を先制的に攻撃するにふさわしい軍事力をもつことを策しているのである。このことは、この権力者が、日本独占ブルジョアジーの利害を体現して、衰退するアメリカ国家をささえつつ日本国家が世界に雄飛する、という日本ナショナリズムを内と外に貫徹することを狙っていることにもとづく。

日本の支配階級は、中国・ロシアの東側の帝国主義陣営に東アジアにおいて激突する先端の西側帝国主義国家として、軍事力を飛躍的に増強するために、労働者たちから労働という生き血をよりいっそう徹底的に吸い取ることを目論んでいるのである。

このように労働者の搾取と軍事力の増強を策す日本帝国主義国家権力を、労働者階級の団結の力で打倒しよう！

没落帝国主義アメリカの国家権力者トランプは、白人労働者たちを抱きこんで労働者階級を分断するために、「不法移民」と烙印した移民労働者を強制的に出身国に送還した。これは、移民排斥の排外主義の貫徹にほかならない。また、自国の諸独占体の生き残りをはかるために、高関税政策を実施した。さらに、国家資金を軍事支援に使うのではなく、自国の独占資本の支援に使うために、ウクライナの停戦にしゃにむにつきすすんでいる。

西側の帝国主義も東側の帝国主義も相互に軍事的政治的経済的に抗争するために、自国の労働者たち・勤労者たちを徹底的に搾取し収奪し抑圧しているのである。

全世界のプロレタリアートは、労働者たちの搾取と収奪と抑圧の強化を基礎にして抗争する西と東の帝国主義を打倒するプロレタリア世界革命を実現するために、みずからを階級として組織し、国際的に団結しよう！

編著者

二〇二五年三月九日

Ⅰ　アメリカ第一主義のトランプ政権、これとどうたたかうか

14

移民労働者の排斥弾劾!

椿原清孝

トランプ政権による移民労働者の排斥弾劾!
「アメリカ第一主義」のグローバルな貫徹を許すな!
各国ブルジョアジーの労働者階級への犠牲の転嫁を粉砕しよう!

「アメリカ第一」主義のグローバルな貫徹を宣言した大統領トランプ

二〇二五年一月二〇日に大統領に就任したトランプは、「アメリカの黄金時代の始まり」を謳い、「常識の革命」をぶちあげた。

トランプはその就任演説で、アメリカの経済的繁栄・圧倒的な軍事力の確立による「平和」、領土そのものの拡大の野望をぶちあげたのであった。そして、「不法移民」の入国の阻止とすでにアメリカ国内に居住し就労している移民労働者の排斥、メキシコ・カナダへの関税の賦課、グリーンランドの米領化、パナマ運河の再領有、メキシコ湾の「アメリカ湾」への名称変更、デナリ山の「マッキンリー山」への再度の名称変更、パリ協定やＷＴＯからの脱退、等々をたてつづけに宣言したのである。

「不法移民」の強制送還を許すな！　排外主義にもとづく移民排斥を弾劾しよう！

とりわけ、中南米からの労働者（家族）の入国を阻止するために、トランプは南部国境地帯に「非常事態宣言」を発して米軍部隊を出動させ配置することを決定すると同時に、アメリカで出生したものにはアメリカ国籍を与える、とする伝統的な「出生地主義」の見直しをも打ち出した。さらに既にアメリカ国内に居住し、アメリカ諸企業のもとで就労している「不法移民」を、「犯罪者」から順次、排斥・追放することを宣言し、早くも多数のコロンビア出身の移民労働者の「出身国」コロンビアへの送還を開始した。コロンビア政府は、その受け入れを拒否したのであったが、〝タリフ（関税）マン〟を自称するトランプの「拒否すれば二五％の関税を課す」という脅迫に屈服し、早々に受け入れを表明したのであった。コロンビア政府を屈服させたトランプは関税の賦課を撤回した。（就任前に、「同盟国をふくむすべての国に関税を課す」としていたトランプは、就任時にはそれを打ち出さなかった。それはこのコロンビアとの関係におけるように、今後の外交交渉における〝脅迫手段〟としてとっておいたことを意味する。ウクライナ停戦問題でもプーチンに同様の脅しをかけている。）

中南米から移民しアメリカ国内で就労する労働者はすでに一〇〇〇万人を超え、アメリカ労働者階級の底辺層をなしているのであって、一般にヒスパニック系といわれるこの多数の移民労働者を大量に追放することはアメリカ帝国主義にとっても大きな打撃となる。トランプは、まずは「不法移民」の一部を「犯罪者」と見立て、それに的を絞って血祭りにあげようとしている。トランプの狙いは、早々に「強制送還」の実績をあげることによって、「移民排斥」の排外主義を煽りたてて、白人を中心とする在来の労働者たちの歓心を買って「排斥」機運を盛り上げ、アメリカの労働者階級を分断することそのものにあるのである。在来の労働者と移民労働者とのあいだに楔をうちこむだけではない。〝不法移民〟〝犯罪者〟と見なされ、摘発されるのではないか、という恐怖心と猜疑心を煽り立てて、移民労働者たちをも分断することを策しているのである。

大統領トランプは、アメリカの富と繁栄が、〝外敵〟によって奪われているかのように描き出し、「同盟国をふくむすべての国に関税を課す」ことを宣言すると同時に、アメリカ国内の〝敵〟として移民労働者をやり玉にあげてきたのであった。これは、スターリン主義から転化した新興帝国主義国家・中国との競争における敗北、アメリカ帝国主義を中軸とするNATOの東欧制覇を拒否する帝国主義ロシアのウクライナ侵略に直面し、覇権国からの転落を世界に示したアメリカ帝国主義の没落——この歴史的事実を隠蔽し、乗り切るためのアメリカ帝国主義権力者の悪あがきを示すもの以外のなにものでもない。

覇権国から転落したアメリカ帝国主義の危機の排外主義的乗り切り策を許すな！

事実、アメリカ経済は昔日の面影を失っている。旧来型の製造業を中心とする諸産業の独占体は国際競争力を喪失し、ことごとく中国勢に敗北しているのである。かつてアメリカ産業の隆盛を象徴した自動車産業の衰退は著しい。かつて世界を席巻した「ビッグスリー」は日独メーカーとの競争に敗北して「デトロイトスリー」に転落して久しい。世界に先駆けて電気自動車を量産したテスラですら、二〇二三年には中国のＢＹＤにトップの座を明け渡している。かつてアメリカ帝国主義経済の基礎をなし中軸をなした鉄鋼産業においては、事態はもっと明白である。ＵＳスティールの、日本製鉄への〝身売り〟騒動がそれである。

自動車・鉄鋼などの、かつて「重厚長大」と称された部門の独占体の衰退は著しく、それらの諸企業が集積されていた地域は、今世紀初頭から「ラストベルト」と呼ばれ、かつての花形産業の白人の労働者たちは「中産階級」から転落し、貧困化しているのである。二〇一六年の大統領選挙でトランプの勝利を決定づけたのは、この労働者層であった。だが、今やアメリカ帝国主義経済の没落はさらに進行している。

決定的なことがある。旧来型の諸産業において、アメリカ帝国主義の諸独占体は中国勢に敗北を重ねてきたが、いわゆるＩＴやＡＩ技術の開発やそれらを応用する諸産業では、アメリカ帝国主義は優位にたち、技術の移転や製品の輸出を強力に規制することによって、辛くもその地位を保持してきた。だが、この分野においても、アメリカ帝国主義は追い詰められている。

大統領就任まもないトランプは強烈な先制パンチに見舞われた。一月二七日、中国の新興企業・DeepSeekがアメリカの企業を凌駕する生成ＡＩを開発したことが明らかになるや、アメリカの半導体（ＡＩ用半導体）大手エヌビディアの株価が急落した。いまや、頼みの先端技術部門においてすらこの有り様なのである。

このアメリカ経済の没落は、アメリカ労働者階級の零落に拍車をかけている。一部の、ＩＴ・ＡＩ関連企業は、技術力の高い労働者を高給で雇用し・搾取しているが、他の諸産業の労働者の窮迫はますます進んでいるのである。旧来、アメリカの労働者階級は、帝国主義国家権力の徹底した「反共」工作によって、思想的に骨抜きにされてきた。だが、もはやそれも限界状況に陥っているのである。アメリカの帝国主義ブルジョアジーは、労働者階級の反逆、とくに旧来「中間層」を形成し支配体制をささえてきた労働者層の反逆を恐れなければならなくなったのである。

この層を中心とする労働者階級を反逆させることなく、絡め取るためにこそ、アメリカ帝国主義支配階級は、トランプ流の排外主義を採用し、この危機を突破することをこそ、目論んでいるのである。移民労働者の排斥は、まさに「現代の魔女狩り」以外のなにものでもない。

〝Make America Great Again!〟などという禍々《まがまが》しい叫びは、覇権国から転落し、復活の望みをも断たれたアメリカ帝国主義の死の苦悶を示すものなのである。

アメリカの労働者階級は、労働者階級の分断をはかるこの攻撃を、断固として粉砕しよう！

移民労働者たちは、資本の強搾取に苦しむ労働者階級としての友であり、仲間である！　彼らを護り、ともに労働者階級として団結しよう！　トランプに象徴されるアメリカ帝国主義を打倒しよう！　スターリン主義でもなく、かつてのサンダース流の「民主社会主義」でもない、マルクス主義で武装された真実の労働者階級の前衛党を創造しよう！

東西の帝国主義国家権力による労働者階級への犠牲の転嫁を許すな！

東西の帝国主義の角逐は、すでに三年にわたるウクライナ戦争、中東戦争として、数多の労働者・人民の殺戮をもたらしただけではない。トランプの「アメリカ第一」主義のグローバルな貫徹を新たな震源として、各国帝国主義権力による労働者階級への新たな犠牲の転嫁をもたらしつつある。

全世界のプロレタリアートは、団結して東西の帝国主義国家権力の打倒、グローバルサウスと呼ばれる新興資本主義国家権力の打倒をめざして、闘おう！

二〇二五年一月三一日

ドイツにおける極右ＡｆＤの伸長
――移民排斥の排外主義を打ち砕き、労働者階級の国際的団結を創造しよう！

春木　良

二〇二五年二月二三日に投開票されたドイツ連邦議会選挙では、赤・緑・黄色の「信号連立」を形成した社会民主党・緑の党・自民党が大幅に得票数を減らし、代わって「中道保守」のキリスト教民主同盟／社会同盟が第一党となった。これにより、同党代表のフリードリヒ・メルツが次期首相に就くことが確実となった。注目すべきは、極右「ドイツのための選択肢（ＡｆＤ）」が初めて第二党の地位を獲得したことである。これから形成されるであろうキリスト教民主同盟と社民党との大連立に対して、ＡｆＤが野党第一党となる。排外主義を公然と掲げる政治勢力がこれほどまでに支持を集めたのは、ナチス政権崩壊後のドイツでは初めてのことだ。このＡｆＤの伸長はヨーロッパ全体で見ると、メローニの「社会運動」が大勝した二〇二二年のイタリア議会選挙、ルペンの「国民連合」が第一党となった二〇二四年のフランス議会選挙、および極右・自由党が第一党となった同二四年のオーストリア議会選挙、これらに引き続く事態として把握できる。われわれ革命的左翼は、この一連の極右勢力が移民労働者を排斥し労働者階級を分断するのを決して許してはならない。

1　ＡｆＤとはどんな連中なのか

二〇二五年一月、ドイツ南西部の都市カールスルーエの各住居ポストにＡｆＤが「送還チケット」なるものを投函した。これは飛行機の切符を模したビラで、搭乗者の欄には「不法移民」、出発日の欄には連邦議会選挙の行われる「二月二三日」、出発地は「ドイツ」、目的地の欄には「安全な出身国」と記されている。

ＡｆＤはこれを、この地域の世帯一般に向けて宣伝用に配布したものだと表向き説明したが、その意図が移民労働者に対する脅迫であったことは明らかである。およそ三万部印刷されて各戸まんべんなく配布されたといっても、この「チケット」を投函された移民労働者たちは、どう感じたであろう。アメリカでトランプ政権が「不法移民対策」と称して家宅捜索・拘束・強制送還を実施しているとき、同じようなことをドイツでも実行したがっているＡｆＤが「チケット」を郵便受けに入れてきたとなれば、自分たち移民の居場所が彼らに把握されている、いつ何が起きるかわからないという不安に駆られたのは容易に想像できる。

そのようにして移民労働者を脅迫し、在来のドイツ人には「不法移民」への嫌悪をかき立てることにより、今回ＡｆＤは二〇・八％もの得票率を得た。彼らが今回の選挙綱領においてキーワードにしたのは、「レミグラツィオン」という言葉である。「移住」を意味するMigrationに「再び」という意味の接頭辞 re をくっつけて名詞化したこの概念は、もともとは社会学の移民研究において〈自分の意志でかつて去った故郷へと自発的に戻ること〉をさしていた（ナチスから亡命したユダヤ人が一九四五年以後にヨーロッパの故郷へと帰還することを言い表す文脈でも使う）。ＡｆＤはこの、「見かけ上は無害な言葉を意味転換した」（西ドイツ放送ＷＤＲの表現）。つまり、滞在許可や労働許可その他の規制を厳格にして移民たちがドイツにいられないようにし、ドイツ国内にとどまる者は「不法移民」として拘束し国外へと排斥すること、そうした〈強制送還〉の意味を込めてＡｆＤは「レミグラツィオン」の言葉を用いたのである。「ドイツ社会を維持するには何百万ものユーロを投資する必要はない、国境を閉じること、そして強制送還だけでいい！」と彼らは言う。では、そのようにして極右が危機意識を煽るのはなぜなのか。

ウクライナでの帝国主義戦争が長期化する中で、ドイツ国内ではエネルギー価格が高騰し物価が高止まりし、勤労諸階層は生活苦に追いやられている。肝心の自動車産業では電気自動車（ＥＶ）の販売で中国との競争に敗北しており、ドイツの国内総生産（ＧＤＰ）は、二〇二三年と二〇二四年の二年連続でマイナス成長を記録した。そうした中で労働者階級の間には、将来が見えないことへの不安、生活苦への不満や怒りがたまっている。この不安・不満・怒りの感情がブルジョアジーに向かわないように、〝悪いのは外国人だ〟とばかりに矛先を移民労働者へと向けさせるのが、ＡｆＤのあおり立てる排外主義のイデオロギーなのである。われわれは、移民労働者を窮地に追い込み排斥するこの極右どもの策動を決して許してはならない。

なお、彼ら極右どもが移民の強制送還について議論した秘密会議（二三年一一月二五日）の会場は、あろうことか、ナチがかつて「ユダヤ人問題の最終的解決」＝絶滅収容所での計画的殺人を決議したヴァンゼー会議の会場、そのすぐ近隣であったという。彼らは、自らがネオナチと協力している、あるいはネオナチそのものであることをもはや隠蔽する必要すら感じていない。ドイツ国内ではどれほど危険視されていようと、今の極右はかつてのナチとは異なり、ヨーロッパ各国そしてアメリカに多くの同胞を有しているからである。

2　トランプ政権と結託するドイツ極右勢力

ドイツ総選挙に先立つ二月一四日、ミュンヘンで開催された第六一回安全保障会議においてアメリカ副大統領ヴァンスは、ＥＵ諸国が軍事力強化のために財政支出を大幅に増やすべきであると述べつつ、演説の大半をヨーロッパの政治エリートに対する非難に費やした。ヴァンスによれば、ドイツの既成諸政党がＡｆＤとの協力を拒否して「防火壁」を築いていることは、ＡｆＤを支持している「国民の声」を抑圧するものである。あろうことかヴァンスは「言論の自由」の名において、極右を連立政権に参加させることが「民主主義」のあるべき姿だと主張したのだ。すでにイーロン・マスクがＡｆＤの党首アリス・ヴァイデルに熱い支持を表明してきたことにも示された通り、トランプ政権はヨーロッパ各国における既成の政治エリートを「反民主主義」だと批判し、「アメリカ第一主義」を貫徹するのに協力的な政治勢力に対して直接的にテコ入れを行ったのである。これに対してドイツ首相ショルツは、ヴァンスによる「国内政治への介入」に対して弱々しく抗議することしかできなかった。

トランプは、二月一二日のプーチンとの電話会談を切り口として、ウクライナでの帝国主義戦争を「終結」させていく道筋を探っている。二〇二二年以来、アメリカがウクライナ戦争のために支出した軍事費は一一四一億ユーロ超にも及ぶ。トランプ政権にとっては、帝国主義戦争に勝利しロシアを打ち負かすよりも、アメリカ国内の独占資本を立て直すことのほうが優先事項なのであるが、これに対してEUの政治エリートは「ウクライナを見捨てるな」と抵抗を示してきた。トランプの目論見は、こうしたEUの政治エリートを屈服させ、さらには自らに付き従う極右勢力に政権を掌握させることにある。すでに一月三〇日、メルツのキリスト教民主同盟・社会同盟は国境管理と亡命規則の厳格化を定めた動議を連邦議会に提出し、歴史上初めてAfDの支持を取り付けて、これを可決させていた。このような形での「中道保守」と極右との協力を促しつつ、ヨーロッパ諸国には自前での軍事力を増強させること――つまりアメリカからの軍事費支出を抑制すること――がアメリカ帝国主義の要求なのである。このトランプ政権とヨーロッパ極右とをつなぐ共通のイデオロギー、それが移民排斥の排外主義にほかならない。

プロレタリア階級闘争の力で移民排斥を阻止しよう

今回の選挙では、ドイツの東と西とで投票結果に明確な違いがあらわれた。西側と比較すると、旧東ドイツ地域では失業率が二ポイント高い七・五%、年間所得が平均で七〇〇〇ユーロ低く、そして住民の平均年齢は二歳高い。この旧東独におけるほとんどの選挙区でAfDが得票率一位を占めたことは、彼らがこの貧しい地域の一定部分をからめ取るのに成功したことを示している。

しかしながら、移民労働者を犯罪者扱いしてドイツ社会の不安定化要素であるかのように言いなすAfDの排外主義イデオロギーは、虚偽以外の何ものでもない。そもそも東だけでなくドイツ全体として高齢化率は上昇を続けており、移民労働者なしでは、看護・介護などのケア労働も、清掃や建設などのいわゆる「３Ｋ」職場も成り立たなくなっている。また他方、情報技術産業のエンジニアなど最先端の「高度技能」を有した外国人労働者がドイツにやって来ることを、ＡｆＤは否定していないどころかむしろ大歓迎しているのだ。中国の諸企業との熾烈な競争という条件のもとで、ドイツのブルジョアジーは人工知能技術・ＩＣＴ技術の導入をつうじた労働過程の合理化攻撃を進めている。そうした再編に取り残されて過疎化する産業・地域の住民たち、なかんずく中高年の今までは高所得だった諸階層に対して排外主義のイデオロギーを注入し、不満や怒りを支配階級に向けさせないようにすること、これがＡｆＤの目指したところだと言えよう。彼らは徹頭徹尾、ブルジョアジーの利害を体現する存在である。

今回のドイツ連邦議会選挙における社会民主党の凋落が示すのは、その支持基盤の危機、すなわち諸産業の経営当局と協調して労働条件改善の運動を自己目的化してきた既成労働運動の壊滅状況でもあった。諸労組指導部は労働過程の合理化攻撃に対してなすすべもなく屈し、景気後退局面がつづく中で、資本家どもによる人員削減や賃金カットの攻撃をうけ、労働者たちは生活危機に直面している。まさしくこの、社会民主党への信頼を失った労働者階級をからめ取るためにこそＡｆＤが反移民のイデオロギーを振りまいているのだ。他方、「防火壁はわれわれだ！」「反ファシズムの抵抗のためにバリケードへ起て！」と叫んで青年層から圧倒的な支持を得たハイディ・ライヒネク（左翼党）に注目が集まっている。しかし彼女の言う「バリケード」とは、労働者階級の支持を集めて議会内で反極右の戦線を張る、というだけのものにすぎない。今回、ＡｆＤの伸長を前にして二月二日のベルリンでは二〇万人超が、二月八日のミュンヘンでは二五万人がデモに立ち上がった。ライヒネクはそうした高揚の中で戦闘的な発言により耳目を集めたが、それは生活苦に怒り不満をもつ勤労諸階層を階級的に組織化できるものでは決してない。
今こそ革命的左翼は、ＡｆＤをはじめとするヨーロッパ極右の移民排斥運動に断固反対し、また諸企業における合理化攻撃に反対する階級闘争を国際的に組織しなければならない。これこそが、プロレタリアート解放への唯一の道である。

二〇二五年二月二五日

没落帝国主義アメリカの苦悶とヨーロッパ極右勢力の伸長

松代秀樹

一　覇権国転落からの挽回にあがくトランプ政権を打倒しよう！

〔1〕トランプ政権による移民の強制送還政策＝排外主義の貫徹をうち砕こう！

二〇二五年一月二〇日に大統領に就任するトランプは、「不法移民のアメリカ史上最大の強制送還をはじめる」と宣言している。トランプはその座に就いた初日に、大統領令で、メキシコ国境を閉鎖し、法執行機関に移民の強制送還の権限や資金をあたえる目論見である、と言える。

これは、自国の諸企業が中国の諸企業との競争に敗北を喫して衰退し、独占資本家どもがこの犠牲を労働者たちに転嫁していることにもとづいて、失業の危機にたたきこまれ生活苦におちいり不満をいだいている労働者たちに、中南米からの移民の労働者たちへの敵愾心をあおり、労働者階級を分断することを意志したものにほかならない。これは、「アメリカ第一」を掲げた移民排斥の排外主義の貫徹なのである。

危機に瀕したアメリカの独占資本家どもの利害を体現して、国家権力者の座に就くトランプは、日々、一つ下の層への転落を余儀なくされている労働者たちに、「不法移民」と烙印した労働者たちへの憎しみと攻撃の目をむけさせ、こうすることによって、独占資本家どもが労働者たちを徹底的に搾取し支配しているブルジョアジー独裁の国家の安泰を策しているのである。

トランプをささえるイーロン・マスクは、ヨーロッパ諸国の極右勢力を支持し、彼らを支援する宣伝を大々的におこなっている。この極右勢力は、「移民を出身国に送還せよ」と主張し、排外主義のイデオロギーを鼓吹しているのである。

アメリカでもヨーロッパでも、支配者どもは、インフレによって労働者たち・勤労者たちを収奪しているのである。これへの労働者たち・勤労者たちの不満を移民の労働者たちへの反感へとむかわせているのだ。

在来の労働者たちも移民の労働者たちも、排外主義のイデオロギーをうちやぶり、みずからを、資本によって搾取されている賃労働者として自覚し、労働者階級として階級的に団結しよう！

自分たちを支配する帝国主義国家権力を打倒し、プロレタリア世界革命を実現するために、国際的に階級的に団結しよう！

二〇二五年一月二〇日

〔2〕 排外主義を貫徹するトランプ政権を打倒しよう！ プロレタリア世界革命のためにたたかおう！

ドナルド・トランプがアメリカの大統領に就任した。

彼は「アメリカの黄金時代がまさに今はじまる。わが国を立て直し、かつてないほど偉大になる」、と宣言した。「南部国境における国家非常事態を宣言する。すべての不法入国は直ちに止まる。わが国にたいする破滅的な侵略を撃退するために軍隊を南部国境に派遣する。」「インフレはエネルギー価格の高騰のせいだ。国家エネルギー緊急事態を宣言する。掘って掘って掘りまくれ」、と叫んだ。

地球温暖化に対処する「パリ協定から離脱する」、と就任式直後にホワイトハウスは公表した。

カナダとメキシコに二五％の関税をかける、中国には一〇％の追加の関税をかける、すべての国に一律に一〇～二〇％の関税をかける、としていた関税政策にかんしては、すぐには大統領令を発せず、調査する、とした。これは、他の国ぐにの国家権力者を屈服させるのが目的である、と言える。

ここにつらぬかれているイデオロギーは排外主義である。国家権力者の座に就いたトランプは、自国経済の衰退と労働者たち・勤労者たちの生活苦を外国と外国人のせいにして敵愾心をうえつけるという排外主義の言辞をわめきたてたのであり、このイデオロギーによって、搾取と収奪（インフレにもとづく収奪）

に苦しむ労働者たち・勤労者たちをからめとり階級的支配を維持する、という独占ブルジョアジーの利害を国家権力者たるみずからの意志として貫徹したのである。

アメリカ経済は移民のヒスパニック系の下層の労働者たちによってささえられているのである。彼らなしにはアメリカ経済は成り立たない。こういうことは棚に上げて、トランプは、アメリカ経済の衰退のゆえに失業の危機にさらされている白人を中心とする労働者たちに移民を憎ませる策を弄しているのだ。

インフレは、原油や天然ガスを掘るのを制限せよ、という圧力を外国からうけ・バイデンが従ったせいではない。インフレと労働者たちの生活苦は、独占ブルジョアジーとその政府が、最先端の高度技術部門の肥大化をはかり・かつ・製造業の没落のなかでも独占資本家どもの利益を確保するために、物価と高級技術者や高度技術部門の労働者の賃金とを同時的につりあげ、この物価の高騰によって労働者たちの実質賃金を切り下げ、彼らをより一つ下の階層へと突き落としていく、という政策と行動をとってきたことにもとづくのである。

さらに、自国経済の衰退をのりきるために関税障壁を築く、というのは、国家のもとにたんまりと関税収入を得るというものなのであり、関税の引き上げにもとづく物価の高騰によって労働者たち・勤労者たちからの収奪を強化する、というものなのである。

トランプ政権は、「アメリカ第一」を掲げて排外主義をあおり、労働者たちの搾取と収奪を強化するとともに、自分たちの階級的支配を維持するために労働者階級を分断する、という政策の貫徹を開始したのである。

トランプの就任式には、イタリアの極右の首相メローニが参列した。いまや、トランプとメローニは結託して、ヨーロッパにおいて相次いで、移民排斥の排外主義の極右政権を樹立することを策しているのである。

日本帝国主義国家権力者・石破は、台湾海峡および朝鮮半島をめぐって、中国・北朝鮮・ロシアと軍事的に対抗するために、日本国家がその地位をたかめるかたちで日米軍事同盟を強化する、ということを狙って、トランプとの会談を急いでいるのである。

アメリカのプロレタリアートはトランプ政権を打倒しよう！

全世界のプロレタリアートは、西側の帝国主義をも東側の帝国主義をも打倒し、プロレタリア世界革命を実現するために、みずからを階級として組織し、国際的に団結しよう！

二〇二五年一月二一日

〔3〕 トランプ、「領土拡張」欲望をあらわに

トランプは大統領就任演説で「アメリカは再び成長する国家となり、富を増やし、領土を拡大し、都市を建設し、期待を高め、新しく美しい地平線に国旗を掲げていく国家になる」というように「領土を拡大し」と公言し、領土の拡張の欲望を露骨にしめした。

トランプは、「偉大な大統領ウィリアム・マッキンリー」というように、高関税政策をとり・帝国主義的

な領土拡張に邁進し・暗殺された一九世紀最後かつ二〇世紀最初の大統領ウィリアム・マッキンリーを「偉大」で「関税と才能」を発揮したとたたえ、その「名前を復活させ」、アラスカのデナリ山の名称を「マッキンリー山に戻す」と宣言した。

また、彼は「メキシコ湾の名称をアメリカ湾に変更する」、とした。

さらに、彼は、「中国がパナマ運河を運営しているが、われわれは中国ではなくパナマに運河を与えたのだ。アメリカは運河を取り返す」、と表明した。

就任演説後、彼は、大統領執務室で記者団に、デンマーク領グリーンランドをアメリカが所有すべきことを主張した。

このように、トランプは領土拡張の欲望をあらわにしたのである。この欲望は、パナマ運河とグリーンランドを挙げていることにしめされるように、進出してきている東側の帝国主義国家・中国に対抗して、その地をアメリカ国家が確保することを狙ったものにほかならない。世界の覇権をアメリカ国家から奪うという国家意志を貫徹している中国にたいして、これをゆるさず、自国の勢力圏の領土の所有権ないし管理権を確保し拡張するのだ、という帝国主義的野望をみなぎらせているのが、衰退し追いつめられてあがく帝国主義国家アメリカの権力者トランプなのである。

自国の勢力圏を一歩一歩と侵食され追いつめられていく覇者の抵抗とあがきは、すさまじい。これが、トランプを最高権力者の座にすえたアメリカ帝国主義そのものの姿なのである。

トランプは、頼みのＩＴ（情報技術）巨大独占体を率いる面々を大統領就任式の特等席に座らせるとともに、瀕死の製造業を防衛するために、二月一日から、カナダとメキシコに二五％の関税をかける、と表明した。世界の諸独占体が、カナダやメキシコに生産拠点を建設し、そこからアメリカに輸出しているからである。

トランプは、みずからの高関税政策を正当化するためにマッキンリーの名前までをもちだし・たたえるとともに、実際には関税障壁をもってしても再建が不可能な製造業、そこで働く白人労働者をみずからのもとにからめとり、搾取と収奪を維持するために、反外国企業、反移民の排外主義をあおりたてているのである。

アメリカの労働者たち・勤労者たちは、このトランプにだまされてはならない。この排外主義を、「アメリカ第一」のナショナリズムをうち破り、みずからをプロレタリアとして自覚し、労働者階級として階級的に団結しよう！

アメリカのプロレタリアートは、独占資本による賃労働者の搾取を維持するために支配体制の強化に狂奔するトランプ政権を打倒しよう！

全世界のプロレタリアートは、西側の帝国主義をも東側の帝国主義をも打倒し、プロレタリア世界革命を実現するために、プロレタリア・インターナショナリズムの立場にたって、国際的に階級的に団結しよう！

二〇二五年一月二一日

〔4〕覇権を狙う中国もデフレと人口減少で大変、「銀髪経済」に

トランプは、ソフトバンク・グループの孫正義らといっしょに記者会見し、AI（人工知能）のインフラ整備に七八兆円という巨額の投資をおこなう、と発表した席上で、二月一日から中国にたいして一〇％の追加関税をかけることを検討している、と表明した。これは、中国の習近平政権への恫喝とゆさぶりである、と言える。

この恫喝とゆさぶりが利くほどまでに中国経済もまた大変なのである。デフレと人口減少に規定されて、消費が低迷し、地方政府と諸企業は膨大な債務を抱えこんでいるのである。

EV（電気自動車）を生産する自動車産業およびその鋼材を生産する鉄鋼産業では、膨大な生産設備が過剰となっており、国内と通常の輸出では製品をさばききれず、海外に採算割れの低価格で売りこんでいるのである。これが、アメリカ市場やヨーロッパ市場を荒らしているのである。このことは、地方政府の資本家的官僚とそれに連なる資本家が、中央政府によって定められた経済成長目標を達成しないことには自分の首が飛ぶことに脅えて、販路にはお構いなく、資金を借りて生産設備を建設し、EVや鋼材を生産していることにもとづくのである。

それと同時に、かつてのように生産と消費をともに拡大しようにも、人口が三年連続減少しており、労

働可能な年齢層の人びとはどんどん減っているのである。これを打開するために中国共産党の官僚は、「三人子政策」と称して党員に、三人以上子どもを産め、と指令しているのである。いまや中国は、「銀髪経済」におちいっており、習近平自身が「銀髪経済」を奨励しているのだ、という。

若者は、もうあきらめきって寝そべって何もせず、働き盛りの者は、一人っ子政策によって一人っ子として大切に育てられ・わがままであり夫婦での生活ができず離婚がやたらに多く、もう銀髪になった老人だけが元気だ、ということなのである。この老人は、年金をもらい、デフレで物価が低迷しているので、消費も旺盛なのだ、という。これまで幼稚園であった建物は、老人が遊ぶ施設に改装され、老人が明るく元気に習い事をしているのである。

もっとも、こういう生活は都市の老人だけができることであって、農村では、若いころに農民工として都市にでて働いた人たちが、徹底的にこき使われ搾取されたうえで、資本の過剰のゆえに首を切られて郷里にもどり、生活苦にあえいでいるのである。「未富先老」といわれて久しい。未だ富むことはなく・それよりも先に老いてしまった、鄧小平にだまされた、「先富論」(先に豊かになれる条件を整えたところから豊かになり、その影響で他が豊かになればよい)を唱えた鄧小平にだまされた、ということなのである。労働者たち・農民たちは、いま、習近平にだまされてはならない。

このように、アメリカ帝国主義の後塵を拝して、帝国主義に成長したとたんに年老いた中国帝国主義国家が、世界におけるアメリカ国家の覇権を脅かしているのである。

まさにこのゆえに、資本主義の最高発展段階として成立し・それが腐朽した帝国主義であるアメリカ、その国家権力者および独占資本家どもも、スターリン主義政治経済体制を解体したうえに形成された帝国主義である中国の国家権力者と官僚資本家どもおよび独占資本家どもも、必死なのである。両者の者どもは、ともに、自国の労働者たちの搾取と収奪と抑圧を強化することを基礎にして、抗争しているのである。

全世界のプロレタリアートは、西側の帝国主義をも、東側の帝国主義をも打倒し、プロレタリア世界革命を実現するために国際的に階級的に団結しよう！

二〇二五年一月二二日

〔5〕一二月の消費者物価三％上昇。キャベツが五〇〇円を超えて大変。こんな資本主義社会を転覆しよう！

総務省は一月二四日、二〇二四年一二月の消費者物価指数が、生鮮食品を除いて、前年同月と比べ三・〇％上昇した、と発表した。生鮮食品を含むと、三・六％の上昇だ、という。いろいろと数値を操作する政府の発表でさえ、こうなのだ。

超安売りスーパーで買っても、キャベツひと玉五〇〇円を超えて大変だった。野菜はキャベツを食べると他の野菜よりも一食あたり安くつく。一個丸ごと買うと割安なので、私は一個買って毎朝少しずつ食べる。傷んでしまわないように毎日食べる。毎日食べると飽きてくるので、私にとって飽きることのない野菜とその調理法・味付けにたどりつくのに努力がいった。それが、本体一六八円から一九八円ぐらいで買えたのが五〇〇を超えたのだ。何ということか。

統計発表でも、毎月実質賃金は下がっている。今春闘でも賃上げだ、と政府・財界・「連合」指導部が騒いでいるが、実際は、彼らは、実質賃金をよりいそう下げていくことを画策しているのである。

今日の資本主義は次のような構造をつくりだしていることに、それはもとづくのである。

ブルジョア政府は、賃金上昇とその上昇分の価格への転嫁を叫び、大型財政を組み・金利の相対的に低い状態を維持して物価を上昇させる。IT（情報技術）・AI（人工知能）技術を開発し生産する諸独占体およびその技術諸形態をつかう諸独占体、ならびに金融業の諸独占体は、高度な技術性をもつ労働者・技術者を獲得するために、初任給を中心にして大幅に賃金を上げる。これらの独占資本家どもは、資本を増殖するために、このようにして雇った労働者・技術者を、うつ病・過労死におちいらせるまでにこき使う。支配者どもは、これの対極において、従来の技術を使う諸産業の諸企業や中小企業を競争によって淘汰していく。支配階級は、資本の増殖欲をあらわにして、労働者をよりいっそう搾り取る術《すべ》をあみだした諸企業において切り捨てられた労働者たちや、競争に敗北した諸企業の労働者たちを、新たな職をもとめて、従来の階層からよりいっそう下の階層に転落するように追いつめていくのである。これが、現存するブルジョア政府と独占資本家どもが狙っていることなのであり、現に実行していることなのである。「連合」の労働貴族どもは、この政府と独占資本家どもに全面的に協力しているのである。

これが、国家独占資本主義の破綻の今日的のりきり形態の構造なのである。

労働者たちは、独占資本家どものこの攻撃をうち砕くために、「連合」指導部と対決してたたかおう！

労働者たちは、この構造そのものをその根底から転覆するために階級として団結しよう！

労働者たちは、このブルジョア政府と独占資本家どもを打ち倒すために、労働貴族どもと対決し・その反プロレタリア性をイデオロギー的に徹底的にあばきだし、みずからをプロレタリア階級として組織しよう！

労働組合の下部組織から団結を強化していこう！

労働組合のない職場での労働者の団結を創造していこう！

労働者階級を階級として組織することを基礎にして・日本帝国主義国家権力を打倒するとともにプロレタリア世界革命そのものを実現するためのプロレタリア党を創造し強化しよう！

二〇二五年一月二四日

〔6〕 トランプ政権による移民摘発を怖れ、シカゴで、移民労働者が仕事に行けなくなった。トランプ政権打倒!!

∧シカゴ二位の繁華街、ゴーストタウンに？？不法移民摘発懸念で住民萎縮∨とアメリカの通信社ブルームバーグは報じた。（一月二二日）

∧米シカゴ二位の繁華街リトルビレッジは「中西部のメキシコ」として知られ、普段はメキシコ系の飲食店や食料品店で活気にあふれている。だが、二〇日午後にはゴーストタウンと化した。∨

＜発端は、米移民・税関捜査局（ＩＣＥ）が二一日からシカゴで大規模な不法移民取り締まりを計画しているとの米紙ウォールストリート・ジャーナル（ＷＳＪ）の報道だった。

トランプ政権の国境管理責任者トム・ホーマン氏は二一日、ＣＮＮとのインタビューで、全米で的を絞った不法移民への取り締まりが行われていると述べ、まずは犯罪者の摘発を優先するが、他にも不法滞在者だと判明すれば身柄を拘束すると説明した。

シカゴ南部でメキシコ料理店三店舗を経営し、七〇人以上を雇用するメキシコ出身のオーナーは、すでに従業員二人が仕事に来なくなったと明かした。現在は米国の市民権を得ているこの経営者の男性は、匿名を条件に取材に応じた。従業員全員に欠勤する選択肢を与えたという。

「ここで二五年間働いて多くのことを見てきたが、こんなことは一度もなかった」と二〇日のインタビューで打ち明け、「この状況をどう乗り切るかが問題だ。従業員だけでなく、顧客全体についてもだ」と語った。＞

この報道は事実であろう。

移民排斥の排外主義を貫徹するトランプ政権の暴挙は開始された。アメリカ移民・税関捜査局（ＩＣＥ）が摘発にのりだしたのだ。犯罪者の摘発だけではなく、不法滞在者だと判明すれば身柄を拘束する、というのである。

移民の労働者たちは、怖くて仕事に行けなくなった。ここに言うような料理店などは、移民の労働者によって支えられているのである。

ラストベルト（錆びた工業地帯）の白人の労働者たちは、「不法移民が南部国境におしよせている」というトランプの宣伝にあおられて、移民労働者を憎んでいる。彼らは、白人労働者が首を切られていくという今日の境遇を移民のせいにしたトランプにだまされたのである。外に敵をこしらえあげてこの敵を攻撃させる、という排外主義のイデオロギーにだまされたのである。

移民の労働者たちは恐怖にさらされ、萎縮せざるをえなくなった。

アメリカの労働者たちは分断させられた。これは、よく言われる「アメリカの分断」ということではない。アメリカの被支配階級である労働者階級が分断させられ、労働者階級として団結できないようにさせられた、ということなのである。

これが、トランプの狙いなのであり、アメリカの独占ブルジョアジーの狙いなのである。貧困と生活苦におとしいれられた労働者たちの不満を抑えこみ、国家権力をにぎるトランプ政権の支配を、したがってアメリカ独占ブルジョアジーの支配を強固なものとするために、労働者階級を分断し、その内部で憎みあいをさせる、ということなのである。

アメリカの労働者たちは、トランプ政権のこのような策動をゆるしてはならない！

トランプ政権による移民排斥の排外主義の貫徹を、労働者階級の団結の力で粉砕しよう！

トランプ政権を打倒するために、白人労働者も移民労働者も、すべての労働者が階級として団結しよう！

全世界のプロレタリアートは、西側の帝国主義をも、東側の帝国主義をも打倒し、プロレタリア世界革命を実現するために、階級的に国際的に団結しよう！

二〇二五年一月二四日

〔7〕 DeepSeekディープシークの衝撃。生成ＡＩ開発でアメリカは中国に敗北したか。トランプの目論見、破産!!

世界に衝撃が走った。マスコミは大騒ぎだ。

「中国勢はＡＩ時代の主役となった。」「シリコンバレーはパニックに陥った。」「激化する米中ＡＩ戦争はこの先の世界の形すら変えようとしている。」などなど。

凋落する帝国主義国家アメリカの国家権力者の座に就いたトランプが、起死回生の策として自己に課したのは、ＡＩ（人工知能）技術の開発競争において中国に勝つ、ということであった。だが、その夢もついえたのであろうか。中国の新興企業DeepSeek（ディープシーク）がアメリカの企業を凌駕する生成ＡＩを開発したのである。

アメリカのＣＮＮは次のように報じた。

∧米国の株価が二七日、急落し、人工知能（ＡＩ）半導体大手エヌビディアの時価総額が六〇〇〇億ドル（約九三兆円）近く失われた。これは、中国のＡＩ企業ディープシークの驚くべき進歩が、無敵とみられていた米国のテクノロジー業界を脅かしたためだ。

設立一年の新興企業ディープシークは先週、「Ｒ１」と呼ばれる「チャットＧＰＴ」のような生成Ａ

Iモデルを発表した。このモデルは、よく知られている機能すべてを備えており、オープンAIやグーグル、メタの人気AIモデルの数分の一のコストで動作する。同社によると、ベースモデルの計算能力に費やした金額はわずか五六〇万ドル。米国企業がAIテクノロジーに費やしている数億ドルから数十億ドルとは比較にならない。

ディープシークの発表は二七日、テクノロジー部門をはじめとする市場に衝撃を与えた。テック企業を多く含むナスダックは三・一%急落し、それよりも業種が広範なS&P五〇〇は一・五%下落した。

トランプ大統領の支持者であり、世界有数のIT投資家であるマーク・アンドリーセン氏は、ディープシークについて「私がこれまでに見た中で特に驚くべき、印象的な進歩の一つ」とX（旧ツイッター）に投稿した。

米国が国家安全保障上の懸念を理由に何年にもわたり中国への高性能AIチップの供給を制限しようとしてきたことを考えると、比較的無名のAIスタートアップによる今回の成果はさらに衝撃的なものとなる。それは、ディープシークが性能の劣るAIチップで低コストモデルを実現できたことを示しているからだ。

この発表は、ウォール街の非テック企業への投資にも大きな変化をもたらした。

AIデータセンターには大量の電力が必要とされるため、エネルギー企業の株価は近年大幅に値上がりしていた。しかし、二七日にはすべての企業で急落した。

発電機の動力源として使われる天然ガスの先物は五・九%下げ、原油も二%以上下落した。＞

世界の覇権を狙う東側の帝国主義国家・中国に対抗し・その座を死守するためには、西側の帝国主義諸国家の盟主アメリカは、最先端の高度技術たるＡＩ技術の開発において勝利する以外にない。それが、中国企業への敗北が必至となれば、アメリカ帝国主義国家権力者トランプは、打つ手がなくなるのである。

トランプは、自分の大統領就任式で、自国の巨大ＩＴ（情報技術）独占体の領袖の面々を自分のまわりに侍《はべ》らせて見せた。また、彼は、日本のソフトバンク・グループの孫正義を呼び、自国のＡＩ企業の頭目二人と四人で記者会見し、ＡＩのインフラ整備に七八兆円の投資をおこなうことを打ち上げた。

半導体を製造するための装置のうちの前工程をなす露光装置にかんしては、オランダの企業ＡＳＭＬが世界シェアの八〇％をにぎる。極端紫外線リソグラフィー（ＥＵＶＬ）のそれは一〇〇％である。この企業は、日本企業の独走を敵視するアメリカの諸企業が保有する技術を導入するとともに、もろもろの企業を買収して成長してきたのであった（後工程にかんしては、なお日本の諸企業が強い）。アメリカの国家権力者は、露光装置を中国に輸出しないように、この企業に圧力をかけてきたのであった。それでも、中国の新興ＡＩ開発企業に、してやられた。

エヌビディアにしてからが、半導体の開発・設計と販売をやっているのであって、その製品の製造は、台湾のＴＳＭＣ（台湾積体電路製造）に委託しているのである。まさにこのゆえに、トランプは、半導体そのものをアメリカ国内で製造しろ、とわめいているわけなのである。

トランプ政権は、中国に世界の覇権を渡さないための国家戦略として、ＩＴおよびＡＩ技術などの最先端の高度技術の開発において中国に勝ち、鉄鋼や自動車などのすでに敗北している諸産業にかんしては関税障壁を築いて自国企業を守り、それでも没落する自国経済の危機をのりきるために、労働者たちの搾取と収奪を強化し、失業と生活苦と・よりいっそう下の階層への転落に不満を鬱積させる労働者たちに、外にむかっては外国への敵愾心と移民を入れないという排外主義を、そして内にむかっては不法移民をさがしだし強制送還するという排斥主義をあおりたてて、白人労働者たちをからめとり、労働者階級を分断する、という国家意志を策定し、現に貫徹しているのである。

トランプ政権は、望みのＡＩ技術の開発において、その土手に中国企業に穴をあけられた。外にむかっても内にむかっても、そのあがきを強化するトランプ政権を打倒するために、アメリカの労働者たち・勤労者たちは、一切の排外主義・排斥主義をうち砕き、労働者階級として階級的に団結してたたかおう！

全世界のプロレタリアートは、西の帝国主義をも、東の帝国主義をも打倒し、プロレタリア世界革命を実現するために、あらゆるナショナリズムをうち破り、プロレタリア・インターナショナリズムの立場にたって、国際的に階級的に団結してたたかおう！

二〇二五年一月二八日

〔8〕「不法移民」を強制送還するためにコロンビア政府を「二五%の関税上乗せ」の脅しで屈服させる

アメリカ国家権力者トランプは、一月二六日、強制的に送還するために「不法移民」と烙印した者たちを乗せたアメリカの軍用機をうけいれることを拒否したコロンビア政府を脅すために、即座にSNSで報復措置を発表した。コロンビアからのすべての輸入品に二五%の関税を上乗せし、五〇%にまで引き上げる、と彼は宣言したのである。

この脅しにコロンビア政府は屈服した。同政府は、軍用機の受け入れに転じた。この屈服を見とどけて、トランプは、関税上乗せの報復措置をひっこめた。

「不法移民」と烙印した者たちを強制的に送還するためには、彼らの出身国の政府にうけいれさせなければならない。これを首尾よく実現するために、権力者トランプは、関税上乗せの脅しをつかったのである。

トランプは、国内では、移民に寛容な政策をとる市当局であるシカゴを狙い撃ちにした。まず犯罪歴のある不法移民を摘発し、さらに不法滞在者だと判明すれば身柄を拘束する、とした。これは、白人の労働者たちにも、黒人の労働者たちにも、もろもろの国ぐにからアメリカにわたってきた労働者たちにも、受け入れられやすくするために、まず犯罪歴のある不法移民を強制送還する、としたものなのである。これは、同時に、メキシコとの国境を越えて、中南米からアメリカにきたヒスパニック系の労働者たちにたいして、彼らの内部に疑心暗鬼をうみださせ、彼らを恐怖で萎縮させ、さらに彼らのなかに密通者をつくりだすことを狙ったものにほかならない。すなわち、これは、すでにアメリカ国籍をとり犯罪歴のない者には、ホッと安心させて、さわらぬ神にたたりなしの態度をとらせ、多くの移民労働者には、自分の何かが不法とされるかもしれないということにビクビクさせ、さらに、脅えている者には、自分の身のあかしをたてるために他の者を密告するようにしむける、ということなのである。

このようなことをおこなうのは、まさに、恐怖政治である。これは、内にむかって、「不法移民」を摘発し強制送還するという排斥主義を貫徹するものなのである。これは、国内において、敵となる者たちを意図的にこしらえあげ、この者たち以外の労働者たちに、この者たちへの敵愾心をうえつけ、この者たちを攻撃させる、という・国家権力者が労働者たち・勤労者たちを支配する、支配の強権的なやり口なのであり、排斥主義の貫徹にほかならない。外に敵を意図的につくりだし、労働者たち・勤労者たちをしてこの敵を攻撃させる、というイデオロギーが、排外主義なのであるが、このイデオロギーの国内版を、排斥主義と呼ぶことができる。すなわち、内なる敵をこしらえあげ、労働者たち・勤労者たちに、内なる敵としたこの者たちへの不信と敵愾心をもたせ、いつ自分がこの者たちの部類にいれられるかもしれないという恐怖によって・敵としたこの者たちの摘発に協力させる、というイデオロギーを、独自的には、われわれは、排斥主義と呼ぼう、ということである。

アメリカの労働者たち・勤労者たちは、支配者どもによる、外に向かう排外主義の貫徹と、内に向かう排斥主義の貫徹をうち砕き、労働者階級の団結をかちとろう！

労働者たち・勤労者たちの搾取と収奪と抑圧を強化することを基礎にして互に抗争する西側の帝国主義諸国家権力と東側の帝国主義諸国家権力を打倒するプロレタリア世界革命を実現するために、全世界のプロレタリアートは、みずからを階級として組織しよう！

二〇二五年一月二八日

〔9〕トラック輸送作業へのＡＩ（人工知能）の導入に反対しよう！

物流業・トラック輸送業の資本家どもは、運転手不足を打開するために、運転手を徹底的にこき使うことを画策している。牽引車にトレーラーを二台ひかせる、というのがそれである。これは、運転手に、ものすごく神経を使わせ、労働強化を強いるものである。

さらに、資本家どもは、輸送労働過程のもっと飛躍的な技術化を目論み追求しているのである。これまでは、行きはトラックやトレーラーにぎっしりと荷物を積むのであるが、帰りは空あるいは少ない荷物を運ぶにすぎない、ということが多々あった。資本家どもは、これを無駄と感じて、帰りもすき間なく荷物を積む策をあみだそうとしているのである。

いま、資本家どもは、中継地となる基地＝倉庫をぼんぼん建設している。一台のトラックについて、長距離の輸送をさせると、その帰りに行きと同等な積み荷を見いだすのは、なかなか難しい。これを打開するために、中継基地をつくって輸送距離を短くし、これを組み合わせて、帰りの荷物も確保するようにする、ということなのである。

それぞれのトラックをどういうコースをとらせるのか、どの荷物を積みこむのか、しかもどういう順番で積み、どこでどの荷物をおろすのかということを、ＡＩ（人工知能）を使って解明し、その解を、ＩＣＴ（情報通信技術）を駆使して、中継基地の作業労働者と運転手に司令する、ということなのである。まさに、運転手と中継基地の労働者は、ＡＩとＩＣＴに命令され、こき使われるのである。ＡＩは、情け容赦なく、運転手がまったく休む間もないように、そして中継基地では、どしどし積み下ろしの作業をするように、計画をつくるのである。しかも、積み下ろしの作業それ自体を、ＡＩからＩＣＴをつうじて命令されコンピュータ制御された機械が主導するのであって、運転手と作業労働者は、この機械にこき使われるのである。ＡＩとＩＣＴと機械は、資本の実存形態をなす。運転労働者と作業労働者は、こういう形態で資本に強制され労働させられて、自分の労働を生き血として吸い取られるのであり、搾取されるのである。

運転労働者は、ＡＩに司令されて、また次の中継地点に行かなければならない。息つぐ暇もない。これまで、もろもろの積み荷を集計し、これにもとづいてトラックのコースづくりをやっていた労働者も大変である。資本家は、この立案作業をＡＩとＩＣＴにとって代えるのである。立案作業をやっていた労働者の立案の技術性はいらなくなる。これに代わって、労働者は、ＡＩ技術とＩＣＴを駆使する能力を、その技術性を体得することを強制されるのである。この能力を体得できなければ、その労働者はお払い箱である。しかも、資本家は、その技術性にとっての基礎的な能力を身につけた新採の労働者のほうが使い勝手が良い、と感じるのである。これまで立案作業をやってきた労働者は、何が何でも必死になることを強要されるのである。

いま、物流業の資本家どもが目論み追求しているのが、まさに、これなのだ。

運転労働者・運輸コース立案労働者をはじめとして、物流業の労働者たちは、このようなＡＩの導入に断固反対しよう！　ＡＩの導入を画策する資本家どもは、ＡＩに命令させて運転手を徹底的にこき使い、運輸コース立案労働者たちには、新たな技術性の獲得をめぐって互いに競い合わせ蹴落とし合わせることを狙っているのである。

労働者たちは、この極限的な労働強化と、労働者たちの分断をうちくだくために、自分たちを、搾取される賃金労働者だと自覚し、労働者階級として階級的に団結しよう！

このような、労働強化と、労働者たちの分断を図るＡＩの導入に断固として反対し、労働組合の団結を強化してたたかいぬこう！

二〇二五年一月三一日

〈10〉トランプ政権による移民労働者強制送還をゆるすな！　排斥主義の貫徹をうち砕こう！

読売新聞は、〈ドア破壊 連行された夫　米不法移民「拘束作戦」〉と題して次の記事を掲載した（二〇二五年二月一日朝刊）。

〈不法移民対策を最優先課題とするトランプ米政権が、拘束作戦を本格化させている。移民への寛容政策を取る「聖域都市」の一つとされるイリノイ州シカゴでは、捜査当局が家の玄関を破って不法移民を拘束する強硬手段に乗り出し、住民の間で恐怖が広がっていた。

「今すぐドアを開けろ！　令状を持っているぞ」

一月二八日早朝、シカゴ郊外エルジンの住宅街で武装した移民・関税執行局（ＩＣＥ）の捜査員ら十数人の怒号が響いた。清掃作業員マリアさん（50）（仮名）が夫（44）とともに跳び起きると、捜査員らは突然、ハンマーで玄関を破壊し、突入してきた。

捜査員は夫をはだしのまま外に連れ出し、手錠をかけて尋問を始めた。夫は捜査員が持つ令状の捜査対象とは違う人物であることが判明したが、「行かないで！」泣き叫ぶ息子（3）の目の前で連行されていった。不法移民であることが理由だった。出身地のメキシコに強制送還される可能性がある。

マリアさん自身も不法移民だといい、「次は私が逮捕されるかもしれない。夫なしでどう生きていけばいいのか……」と涙を流した。

トランプ政権は発足当初から不法移民の摘発に着手しており、ＩＣＥなどによると、二九日までに少なくとも五五〇〇人が拘束され、四〇〇〇人以上が強制送還されている。（シカゴ郊外エルジン　金子靖志）＞

これは、「不法」と烙印した移民を血祭りにあげるものだ。

これは、アメリカ国内に敵となるものを意図的にこしらえあげ、失業の不安と生活苦にあえぐ白人労働者などの不満を、この敵とした者への敵愾心と攻撃へと向かわせ、労働者階級を分断するものである。しかも、これは、移民労働者たちの内部それ自身において、「不法移民」と烙印された者を恐怖のどん底に突き落とし、合法的手続きをえたものを安堵させる、というかたちで、両者の間に分岐をつくりだし、背を向けあうように仕向けるものである。

これは、支配者どもによる排外主義の内への貫徹であり、排斥主義の貫徹にほかならない。これは、支配者どもが、自分たちが搾取している労働者たちを徹底的に抑えつけ、不満を自分たちに向けさせないようにするための手口なのである。これは、恐怖政治である。

労働者たちは、この排斥主義の貫徹をうち砕くために、移民の強制送還に反対し、白人労働者も、黒人労働者も、アジア系労働者も、ヒスパニック系労働者も、すべての労働者が、労働者階級として階級的に団結してたたかおう！

日本の労働者たちは、世界各国の労働者たちは、トランプ政権のこの暴挙をうち砕くために、アメリカの労働者たちと国際的に階級的に団結してたたかおう！

全世界のプロレタリアートは、西側の帝国主義をも東側の帝国主義をも打倒し、プロレタリア世界革命を実現するために、みずからを階級として組織しよう！

二〇二五年二月一日

〔11〕トランプ政権による高関税政策の貫徹は労働者からの収奪を強化するものだ！ 高関税による収奪を許すな！

トランプ大統領は、二月一日、カナダとメキシコからの輸入品にたいして二五％の関税、中国にたいして一〇％の追加関税を課すための大統領令に署名し、四日から実施する、とした。

カナダ政府は、報復措置として、四日から、三〇〇億カナダ・ドル（約三兆二〇〇〇億円）分のアメリカ製品を対象に二五％の関税をかけ、三週間後に一二五〇億カナダ・ドル分を追加する、と発表した。課税の対象は、アメリカのビールやワイン、オレンジジュース、家電、木材などとした。

メキシコ政府も、アメリカの豚肉やチーズ、鉄鋼、アルミニウムなどに五～二〇％の関税を課すことを検討している、とした。

中国政府も、「強烈に不満」と表明し、ＷＴＯに提訴するという方針をしめした。

トランプ政権による高関税政策のこの貫徹は、衰退する国内の製造業の諸独占体を防衛するためのものである。すでに、アメリカの諸企業が中国の諸企業に敗北して久しい。また、世界各国の諸企業は、カナダやメキシコに生産拠点をつくって、そこからアメリカに輸出しているのである。こういう諸製品の国内への流入を阻止することがトランプ政権の狙いなのである。

だが、この高関税政策の貫徹によって、守るはずのアメリの自動車産業の諸独占体は、年間営業利益の五兆円が減る可能性がある、という。これらの諸独占体自体が暴利をむさぼるために、労働力の安いメキシコやカナダに工場を集積させ、製品をここから自国に輸入しているのだからである。国家権力者トランプは、高関税によってアメリカの栄光をふたたび蘇らせる、と見せかけるために、こういうことには構いお構いなしなのだ。

この高関税それ自体、労働者たち・勤労者たちからの収奪を強化するためのものである。トランプ政権は、国家財政をうるおすためにこそ、この高関税政策をとっているのだからである。輸入品に関税を課すのは、消費税を課すのと同じである。アメリカの輸入業者が関税をアメリカ国家に支払うのであるが、この輸入業者は、この支払いをやるために、関税分を輸入品の価格に上乗せするのだからである。この上乗せができなければ、輸入業者は、儲からないので、この輸入そのものをやめてしまう。そうすると、この輸入品が品薄になって価格が上がってくる。儲かるまで価格が上がったところで、輸入業者は当該の製品の輸入を再開する。もちろん、競争に敗れた輸入業者はつぶれる。このように、輸入業者は徹頭徹尾、利益を追求するのであり、トランプ政権のアメリカ国家は、この輸入業者から関税分を吸い上げるというかたちで、労働者たち・勤労者たちから収奪するのである。あくまでも、トランプ政権は悪辣なのである。この政権は、アメリカ独占ブルジョアジーの利益のために、労働者たちからの搾取の強化を守り、「アメリカ第一」の名において、アメリカのブルジョアジーの国家のもとに、労働者たち・勤労者たちから金《かね》をふんだくるのである。

トランプ政権による高関税政策の貫徹の本質はここにある。労働者たち・勤労者たちはだまされてはならない。

搾取と収奪と支配を強化するトランプ政権を、労働者階級の団結の力で打倒しよう！

世界各国の国家権力者どもは、自国のブルジョアジーの利益のためにあらそっているのだ。このブルジョアジーは、労働者たちの搾取と収奪を強化することをこそ狙っているのである。

全世界のプロレタリアートは、西の帝国主義をも、東の帝国主義をも打倒し、プロレタリア世界革命を実現するために、国際的に階級的に団結しよう！

二〇二五年二月三日

〈12〉　トランプ政権はメキシコ政府とカナダ政府を屈服させた。排外主義と排斥主義をうち砕こう！

アメリカ国家権力者トランプは、二月三日、「メキシコへの関税発動を一か月延期することで、メキシコと合意した」と発表した。その発表では、アメリカへの不法移民の流入と合成麻薬「フェンタニル」の密輸を防ぐために、アメリカとの国境に一万人のメキシコ兵を派遣することなどで、メキシコのシェインバウム大統領と合意した、としている。

シェインバウムも、同じ内容を発表した。

また、カナダのトルドー首相は、「関税の発動を一か月延期することで、トランプ大統領と合意した」と明らかにした。

さらに、トランプは、四日に中国と協議する、とした。

この動きは、没落帝国主義アメリカの国家権力者トランプは、労働者たち・勤労者たちに、メキシコ・カナダ・中国への排外主義的な意識をあおり、移民排斥の排外主義を貫徹するためにこそ、これらの国ぐにに高関税を課すことをぶち上げたのだ、ということをしめすものにほかならない。

トランプ政権は、アメリカの労働者階級を分断し、独占ブルジョアジーの支配をよりいっそう強化することを目的として、不法移民の流入を阻止するためにメキシコ兵一万人を動員させたのだ、というように成果をあげつらって、白人労働者をからめとることを策しているのであり、「不法」と烙印した移民労働者の強制送還によって、ヒスパニック系の移民労働者たちをふるえあがらせているのである。

このような排外主義と排斥主義の貫徹をうち砕き、アメリカの労働者たちは、労働者階級として団結しよう！

搾取と収奪と支配の強化を策すトランプ政権を労働者階級の団結の力で打倒しよう！

全世界のプロレタリアートは、西側の帝国主義をも東側の帝国主義をも打倒し、プロレタリア世界革命を実現するために、国際的に階級的に団結しよう！

二〇二五年二月四日

〈13〉 孫正義にベッタリ依存する石破の対トランプ政権交渉戦略

日本の国家権力者・石破は、二月七日にワシントンで開かれるアメリカのトランプ大統領との首脳会談で、生成ＡＩ（人工知能）の研究開発での協力を表明することを目玉にする意向を固めた。トランプは、一月に「ＡＩ分野でのアメリカの優位を維持し、強化する」とした大統領令に署名したのであったが、中国の新興ＡＩ企業ディープシークの台頭に揺さぶられているからだ。

石破は、三日に、ソフトバンクグループ（ＳＢＧ）の領袖・孫正義およびアメリカのオープンＡＩの最高経営責任者（ＣＥＯ）サム・アルトマンと首相官邸で面会し、彼らにすり寄った。孫正義とサム・アルトマンは、先日、トランプとともに記者会見し、アメリカのＡＩ関連のインフラ整備にたいして五〇〇〇億ドル（約七八兆円）の投資をおこなうことを表明した人物であるからだ。

この日、孫正義と・来日したサム・アルトマンとは、都内で、法人向けに先端ＡＩを提供するためにソフトバンクグループとオープンＡＩとで合弁会社を設立する、と打ちあげて見せたのであった。オープンＡＩの技術を使い、導入企業のデータを学習させて仕様を調整し、その顧客企業の用途に応じて専用のＡ

Ｉを開発し、ＡＩがみずから判断して複数の業務をこなす「ＡＩエージェント」機能をも提供するのだ、という。孫正義は「大企業向けの最先端ＡＩを、世界で初めて日本から提供し始める」と胸を張った。新会社は「ＳＢオープンＡＩジャパン」。ＳＢＧとオープンＡＩとが五〇％ずつ出資する。

これよりも前に、ＳＢＧはオープンＡＩに最大二五〇億ドル（約三兆八七五〇億円）を追加出資することで協議に入ったことがわかった、と報道されている（「日本経済新聞」一月三〇日）。

ＳＢＧ・オープンＡＩ連合が結成されたのである。

だが、トランプと石破がともども期待を寄せるこの連合の船出は順風満帆ではない。中国のディープシークの脅威が迫っているからである。

ディープシークのＡＩモデルは、その技術を公開し誰でも利用できる「オープンソース」という形態で提供されており、世界中の誰もが手を出す誘惑にかられるものであって、その浸透は、オープンＡＩやＳＢＧなどが五〇〇〇億ドルを出資しておこなうトランプ肝いりのＡＩ開発事業「スターゲート計画」のようなアメリカ側の閉鎖的な開発体制を足元から揺るがすものとなるのである。オープンＡＩは、その会社名に「オープン」と冠していても、その技術を「オープンソース」の形態で公開し・誰にでもその技術を改変して使えるようにしているのではなく、その技術の開発を自社内に閉じこめ秘密にするという閉鎖的な形態をとっているのである。

米・日帝国主義と中国帝国主義とは、労働者たちを徹底的搾取するために、このＡＩの開発を急ぎ、抗争しているのである。

双方の国家権力者どもおよび独占資本家どもは、資本の直接的生産過程や、運輸・通信部門などの・流通過程に延長された生産過程や、そして種々の事務部門や、さらにインターネットサービス商品をふくむ・さまざまなサービス商品の生産過程において、これまで働いてきた労働者たちを極限的にまで削減し、これからその労働過程において労働にたずさわる労働者たちをうつ病や過労死に追いこむまでにこき使うために、ＡＩの開発と導入を急いでいるのである。

労働者たちは、このようなＡＩの開発と労働過程への導入をうちくだくために、階級的に団結してたたかおう！

ＡＩの開発と種々の労働過程への導入は、西と東の国家権力者どもと独占製本家どもの死活にかかわる。だから、彼らは必死である。まさにこのゆえに、彼らにたちむかうために、全世界のプロレタリアートは、西側と東側の帝国主義諸国家権力そのものを打倒しなければならない。

労働者たちは、自分たち労働者階級を解放することを意志しよう！

全世界のプロレタリアートは、プロレタリア世界革命を実現するために、みずからを階級として組織しよう！

二〇二五年二月四日

〔14〕アメリカ帝国主義によるガザ占領＝所有を阻止しよう！　トランプ政権打倒！

アメリカ帝国主義国家権力者トランプは、イスラエル国家権力者ネタニヤフと会談したうえで、「アメリカはガザ地区を長期にわたって所有する。ガザの住民は他の地域へ移住させる」、と述べた。

これは、パレスチナ人をガザ地区から追い出し、この地を自国アメリカが所有するという・国家権力者トランプの領土拡張欲を、この帝国主義的野望をむきだしにしたものにほかならない。

全世界のプロレタリアートは、アメリカ帝国主義によるガザ占領＝所有を阻止しよう！

イスラエル・ネタニヤフ政権によるガザ人民虐殺を許すな！　ネタニヤフ政権打倒！

ハマスによる闘いの民族主義的歪曲をのりこえてたたかおう！

全世界のプロレタリアートは、パレスチナ・イスラエルをふくむ全アラブ・全中東をプロレタリア的に解放するために、一切の民族主義と宗教的呪縛をうち破り、プロレタリア・インターナショナリズムの立場にたって、たたかおう！

ガザの占領＝所有を策すトランプ政権打倒！

全世界のプロレタリアートは、西の帝国主義をも東の帝国主義をも・あらゆる資本主義国家権力を打倒し、プロレタリア世界革命を実現するために、国際的に階級的に団結してたたかおう！

二〇二五年二月五日

〔15〕「不法」と烙印した移民の中南米への強制送還、急激！　排斥主義の貫徹を許すな！　トランプ政権打倒！

読売新聞は次のように報じた。（二〇二五年二月七日朝刊）

＜五日、〔アメリカ国務長官〕ルビオ氏が視察したグアテマラの首都グアテマラ市の移民受け入れ施設前では、北部ペテン県出身の女性（21）が市内に住む友人の迎えを待っていた。この日、米国から送還されたといい、腕と手首に機内でつけられた手錠や鎖の跡が赤く残っていた。

女性によれば、昨年九月、地元の犯罪集団が複数の女性の遺体を投げ捨てているところを偶然、目撃した。「見たな」と脅迫され、勤めていた宝石店を辞め、単身で米国に逃れることにした。半月ほどかけて徒歩やバスで北上し、メキシコ国境の川を渡って米国に入国したところで拘束された。

移民収容施設では「ここはあなたの国ではない」と非難され、亡命申請は却下された。家族がいる故郷は危険で戻れない。女性は「不条理だ」と涙ぐんだ。＞

トランプ政権は、このように命が危ない女性までをも強制送還しているのだ。アメリカ国家権力者は、独占ブルジョアジーの意を体して、労働者たちを強固に支配するために、移民排斥の排外主義をあおりたて、白人労働者を中心とする人びとをからめとり、労働者階級を分断する策動を強化しているのである。

このようなトランプ政権を打倒するために、白人労働者も、黒人労働者も、アジア系の労働者も、ヒスパニック系の移民労働者も、すべての労働者が、労働者階級として団結しよう！

全世界のプロレタリアートは、西の帝国主義をも、東の帝国主義をも打倒するために、国際的に階級的に団結しよう！

二〇二五年二月七日

〔16〕老いさらばえた日米帝国主義の同盟関係のもたれかけ確保を相互約束

トランプと石破は、中国に対抗するために日米軍事同盟を飛躍的に強化することを約束した。日本帝国主義国家権力者・石破は、アメリカ帝国主義国家権力者トランプに、「対米投資を一兆ドルにまで引き上げる」と約束して見せた。孫正義様様である。石破は、トランプをカネで釣ったのだ。石破は、日本国家がアメリカ国家をささえるかたちで両国家の関係を強化する、という日本ナショナリズムを貫徹したのだ。両者は、日本製鉄によるUSスチールの買収は、「買収ではなく投資だ」と解釈して見せた。両者は、「日米関係の新たな黄金時代」を謳いあげた。両国家権力者は、ともに、こういう依存関係をつくらなければ、東側の帝国主義国・中国に抗して自国の帝国主義経済を維持していけないのだ。

労働者たち・勤労者たちへの搾取と収奪と抑圧の強化を基礎にして抗争する西側の帝国主義諸国家権力

と東側の帝国主義諸国家権力をともに打倒するプロレタリア世界革命を実現するために、全世界のプロレタリアートは、国際的に階級的に団結しよう！

二〇二五年二月八日

〔17〕トランプ「日本製鉄はＵＳスチールの株を五〇%以上は所有しない」。アメリカ第一主義の貫徹

アメリカ国家権力者トランプは、大統領専用機内で記者団に「日本製鉄はＵＳスチールの株を五〇%以上は所有しない」とのべた。これは、日本製鉄によるＵＳスチールの買収を認めない――買収を投資とみなして認めるというのではなく――という態度を鮮明にしたものである。トランプは、あわせて「すべての国にたいして、鉄鋼とアルミニウムに二五%の関税を課す」と表明した。これは、あくまでも国内の鉄鋼産業とアルミニウム産業を守る、すなわちこれらの産業のアメリカの独占資本家どもを守る、というものであり、労働者たち・勤労者たちに物価高による生活苦を強要するものである。

このようなかたちで、この国家権力者は、「アメリカ第一」というナショナリズムを、したがって排外主義を内と外に貫徹したのである。

これは、自国の外に敵となるものを意図的にこしらえあげて労働者たちにこれへの敵愾心をもたせ、労

働者たちをみずからの国家のもとにからめとることを狙うものである。
トランプ政権による、搾取と収奪と支配をよりいっそう強化するための排外主義の貫徹を許すな！
全世界のプロレタリアートは、国際的に労働者階級として団結しよう！

二〇二五年二月一〇日

〔18〕日本の名目GDP、六〇〇兆円超え。物価高のせいだ！　生活苦だ！

内閣府が二月一七日に発表した二〇二四年の国内総生産（GDP）の速報値は、名目GDPで前年比二・九％増、過去最大の六〇九兆二八八七億円となった。

これは、物価が高騰したことにもとづくのだ。このことは、われわれの生活実感からして明らかだ。労働者たち・勤労者たちは生活苦につきおとされたのだ！

うるおっているのは、ICT（情報通信技術）やAI（人工知能）技術を開発している企業の資本家どもと、この技術を導入してDX（デジタルトランスフォーメーション）化をおしすすめている企業の資本家どもだけだ。DX化をおしすすめている諸企業では、労働者たちは、資本たるAIに命令されて・息つく間もない強度の労働をさせられ、搾取されているのである。資本は、労働者たちの労働という生き血を吸って増殖しているのだ。ICTやAI技術を開発している労働者たちは、膨大な任務を課せられて、うつ病と過労死に追いこまれているのだ。

このような資本主義そのものを、プロレタリアートの階級的団結の力で、その根底から転覆しよう！

「血税」は本来「兵役」を意味したそうだ。兵役で国に血（命）をささげる旨の仏語を直訳したものだ、という。

ウクライナ戦争にみられるように、資本家どもとその利害を体現する国家権力者どもは、兵役で労働者たちの血（命）を吸い取っているのである。資本とその人格化たる資本家どもは、労働者たちを生かしたままで――生きるか死ぬかの境目まで追いこむかたちで――その生き血たる労働を吸い取って肥え太っているのである。

こんな資本家どもとその国家を打倒するために、労働者たちはみずからを階級として組織しよう！

二〇二五年二月一八日

二　国内での搾取と階級支配を守りぬくためのウクライナ停戦の追求

〈1〉ウクライナ戦争を阻止しよう！　プーチン政権打倒！　ゼレンスキー政権打倒！　東西の帝国主義を打倒しよう！

プーチン政権のロシア帝国主義国家がウクライナに軍事侵略を開始して三年。

ウクライナを訪問したアメリカ政府の特使ケロッグは、二月二〇日に、ゼレンスキーから事情を聴取したうえで、トランプの指示によって共同記者会見を拒否した。

これのまえに、プーチン政権は、サウジアラビアでの米露会談で、停戦の条件として、ウクライナで大統領選挙を実施することをつきつけた。アメリカ帝国主義国家権力者トランプは、ゼレンスキーを「選挙なき独裁者」と非難した。ゼレンスキーはトランプを「偽情報の空間に生きている」と非難しかえした。ゼレンスキーは、軍事支援の見返りにレア・アースなどの鉱物資源の権益をよこせ、というトランプの要求を拒否していた。これらの国家権力者どもは、帝国主義的野望・資本主義的野望にもえてあらそっているのだ。

プーチン政権は、占領地を拡大するために、みずからが戦死させた兵士を「英雄」としてたたえて愛国心をあおりたて、労働者たち・勤労者たちを兵士として動員して、ウクライナ兵と戦わせているのである。ゼレンスキー政権は、ウクライナ民族主義をあおりたてて労働者たち・勤労者たちをだまし兵士として駆りたて、米欧製の兵器をもたせて、ロシア兵と戦わせているのである。

ロシアの労働者たち・勤労者たちとウクライナの労働者たち・勤労者たちとが、自国の権力者にだまされて、殺しあわされているのである。こんなことを許してはならない。ロシアの労働者たち・勤労者たちとウクライナの労働者たち・勤労者たちは、プロレタリアートとして階級的に団結し、武器を自国の国家権力にむけよう！

全世界のプロレタリアートは、ロシア・中国の東の帝国主義をも、アメリカ・ヨーロッパ・日本などの西の帝国主義をも打倒し、プロレタリア世界革命を実現するために、プロレタリア・インターナショナリズムの立場にたって、国際的に階級的に団結しよう！

二〇二五年二月二一日

〈2〉「トランプ大統領は非常にいらだっている」と恫喝。ゼレンスキーは媚《こび》。国家権力者どもはどこまでもあくどい！

アメリカのマイク・ウォルツ国家安全保障担当大統領補佐官は、二月二〇日の記者会見で、「トランプ大統領はゼレンスキー大統領に非常にいらだっている」、とのべた。これは、「トランプの言うことを聞かないと大変なことになるぞ」というゼレンスキーへの恫喝である。これは、権力者の手下のやり口だ。この男は、ゼレンスキーが、ウクライナの鉱物資源の権益を譲渡するアメリカの要求を拒否した点を挙げ、「不満は多岐にわたっている」、とあけすけに言い放ったのである。

ゼレンスキーは、アメリカ政府の特使ケロッグとの会談後の共同記者会見を拒否されたあとに、「ウクライナはアメリカの大統領と強力かつ効果的な投資と安全保障の合意を結ぶ用意がある」、とSNSに投稿した。しっかりと「投資」という言葉を入れたのである。これは、トランプの仕打ちに恐怖し、ゼレンスキーがトランプに媚を売ったものである。自分の頭ごしにプーチンと交渉しないでくれ、停戦条件を有利にするために軍事援助をもっとしてくれ、鉱物資源の権益を渡すから許してくれ、お願いだ、というわけなのである。

彼ら国家権力者どもは、相互に、このようにあくどいのだ。彼らは、労働者たち・勤労者たちを搾取し収奪し抑圧して、支配者としてみずからが君臨する国家の帝国主義的利害と野望・資本主義的利害と野望をあくまでも貫徹するために狂奔しているのである。

このような輩どもとその野望をゆるしてはならない。全世界のプロレタリアートの階級的団結の力で、この戦争そのものをうち砕こう！　戦争を遂行する国家権力者どもを打倒しよう！

プーチン政権打倒！

ゼレンスキー政権打倒！

トランプ政権打倒！

石破政権打倒！

東の帝国主義をも、西の帝国主義をも打倒するプロレタリア世界革命を実現するために、全世界のプロレタリアートは、みずからを階級として組織し、国際的に団結しよう！

二〇二五年二月二二日

〔3〕　まさにアメリカは帝国主義だ！　鉱物資源権益を奪取！

トランプ政権とゼレンスキー政権とは、ウクライナのレア・アースなどの鉱物資源の権益をアメリカに譲渡する協定をめぐって合意した。ゼレンスキーは二月二八日に訪米する、という。

当初、アメリカ側は、鉱物資源や石油などから上がる利益の五〇%をよこせ、と要求していたが、この比率については今後協議する、ということにしたのだ、という。

トランプ政権のアメリカ国家はあくまでも強欲である。このアメリカ国家はまさに帝国主義なのだ。この国家は、権益を貪り食う帝国主義なのだ。この国家は、ウクライナを自国の勢力圏のなかに維持するために、ゼレンスキー政権に軍事援助し、ウクライナの労働者たちに米欧製の兵器をもたせ、兵士として、ロシアの軍服を着た労働者たちと殺し合いをさせてきたのだ。ウクライナ戦争は、このような帝国主義戦争なのだ。

プーチン政権のロシア国家は、ウクライナを自国の領土とするために、労働者たちを兵士として動員して、ウクライナの労働者と勤労者と子どもたちを殺させてきたのである。

ゼレンスキー政権は、自国の資本家どもが自国の労働者や勤労者を搾取し収奪しつづけることができるようにするために、米欧諸国の権力者どもに兵器をおねだりして、労働者たちを戦争に駆りだしてきたのである。

戦争を遂行する権力者どもは、このような輩なのだ。

ゼレンスキー政権は、トランプ政権に軍事援助をしてもらわないことには、支配を維持するための戦争を継続できないことからして、権益を渡すことに同意したのである。

アメリカ国家権力者トランプは、「アメリカの資金や軍事の支援がなければ、この戦争はあっという間に終わっていただろう。」ウクライナに「三五〇〇億ドル（約五二兆円）円を費やした」と連呼し、「金を取り戻したい」、というように、みずからの帝国主義的野望を正当化したのだ。

全世界のプロレタリアートは、このような東の帝国主義陣営と西の帝国主義陣営との戦争をうち砕くために、国際的に階級的に団結しよう！　帝国主義戦争を阻止するためには、東の帝国主義をも西の帝国主義をも打倒しなければならない。労働者たちは、戦争を遂行し・あるいは・戦争を支援する自国の国家権力そのものを打倒するために、みずからを階級として組織しよう！　労働者たちは、武器を、相手国の労働者にむけるのではなく、自国の国家家力・支配階級にむけるのだ！

万国の労働者、団結せよ！

二〇二五年二月二七日

〈4〉トランプとゼレンスキー、激しい口論、けんか別れ。労働者階級の団結で戦争をうち砕こう!!

トランプとゼレンスキーとは、会談冒頭から、大統領執務室で、記者団を前に、激しく口論をおこなった。ゼレンスキーは追いかえされた。鉱物資源をめぐって協定に署名するどころではなかった。共同記者会見どころではなかった。

これは、労働者たちを搾取し収奪し抑圧している国家権力者同士の醜い争いだ。ウクライナ戦争そのものが、東の帝国主義陣営と西の帝国主義戦争との領土と資源の争奪の帝国主義戦争なのだ。

全世界のプロレタリアートは、みずからの国際的階級的団結で、この戦争をうち砕こう！

ロシアのプロレタリアートとウクライナのプロレタリアートは、武器を自国の権力者と支配階級にむけよう！

すべての国のプロレタリアートは、戦争の遂行者を支援する自国政府を打倒しよう！

万国のプロレタリア、団結せよ！

二〇二五年三月一日

〔5〕ゼレンスキーとトランプ。こんなやりとり。この醜いやりとりがおもしろい！
これが、労働者を搾取し収奪し抑圧する権力者だ!!

アメリカ大統領執務室。記者団の面前で。

四〇分ほど経過したところで協議は暗転。同席していたバンス米副大統領が、ロシアのプーチン大統領に厳しい態度をとったバイデン前大統領と違い、トランプ大統領は積極的な外交に乗り出していると語ったのにたいし、ゼレンスキー大統領は、二〇一四年に南部クリミア半島をロシアに違法に併合され、トランプ第一次政権を含む歴代米政権がプーチン大統領を止められなかった経緯を話し出した。そして、彼は、ロシアのプーチン大統領が停戦合意を破って二〇二二年に侵攻したことを挙げ、「あなたが話しているのはどんな「外交」ですか？」と聞いた。バンス副大統領は「失礼ながら、大統領執務室に来て、米国メディアの前でこの件を訴えようとするのは無礼だ。（トランプ）大統領に感謝を示していない」と反論した。

口論は、ここから始まった。

その後、トランプ大統領とゼレンスキー大統領が同時に話し続ける形となり、トランプ大統領は「あなたは第三次世界大戦に賭けるのか」と主張。「あなたがしていることは、この国にたいして非常に失礼なことだ。あなたはもっと感謝しなければならない」などと述べた。

トランプ大統領「あなたは今、あまり良い立場にない。非常に悪い立場に身を置くことを認めてしまっている」

ゼレンスキー大統領「分かっている」

トランプ大統領「あなた方が勝てないことは分かっている」

ゼレンスキー大統領「分かっている」

トランプ大統領「あなたは勝っていない。私たちのおかげで、無事に済む可能性が非常に高いのだ」

ゼレンスキー大統領「戦争が始まった時から…」

トランプ大統領「あなたは良い立場にない。今は（交渉の）カードを持っていない。われわれがいて初めて君はカードを手に入れるのだ。今、君は賭けをしている。賭けをしているんだ。あなたは数百万人の命を使って賭けをしている。第三次世界大戦をめぐって賭けをしている。あなたがしていることは、この国にたいし非常に敬意を欠くことだ。あなたの国は大きな苦境に陥っている」

バンス副大統領は、昨秋の訪米時にゼレンスキー大統領が激戦州ペンシルベニアの陸軍砲弾工場を民主党議員と訪れたことを持ち出して「相手側の選挙運動をした」とやり玉にあげた。そして「この会談を通して一度でも（米国の支援に）ありがとうと言ったか？」などとまくし立て、「何度も感謝を述べている」と反論するゼレンスキー大統領と応酬に。さらに、ウクライナの安全保障は欧州と大西洋を隔てた米国の問題でもあり、「いずれそう感じるだろう」と主張したゼレンスキー大統領を、トランプ大統領が「われわれがどう感じるかは、あなたが決めることではない」と強い口調で遮り、「あなたは今、本当に良い立場にいない」「あなたは第三次世界大戦をけしかけているようなものだ」「あなたの兵士は不足している。それなのに停戦は望んでいないと言うのか」などとたたみかけた。

トランプ大統領は「もっとわれわれに感謝すべきだ。われわれなしであなたに（交渉の）カードはない」、「あなたの態度が変わらなければ取引は難しいだろう」と述べた。

会談はその後非公開に移った。予定された協定の署名も共同会見もないまま、ゼレンスキー大統領はホワイトハウスを去った。アメリカFOXニュースによると、最後は協議継続を懇願するウクライナ側を、同席したルビオ米国務長官が「蹴り出す」形になったという。

これが、追いつめられた帝国主義国家権力者と資本主義国家権力者のやりとりだ。労働者を搾取する者どもの姿が、これだ。

二〇二五年三月一日

〔6〕西側帝国主義陣営の国家権力者どもはおおわらわ。スターマーは、失意のゼレンスキーを慰めた

アメリカのホワイトハウスから追いかえされたゼレンスキーは、翌三月一日に、イギリスを訪問した。出迎えたスターマーは、失意のゼレンスキーを「イギリス中が全面的に支援している」となぐさめた。トランプに蹴っ飛ばされたゼレンスキーは、労働者たちを搾取し・戦争に動員するウクライナ国家権力者としての自分を維持し立て直すのに必死だ。動き回ることによって自分の精神の安定を保っているのだ。トランプ政権のアメリカ国家に頼らないことには、ロシア国家と戦争できないからだ。

イギリスの国家権力者スターマーも、そのことは重々承知だ。二日には、ヨーロッパの国家権力者どもが集まるのだ、という。彼らは、トランプとゼレンスキーの仲をとり持ちたいというわけなのだ。とり持つ相手たるトランプは手ごわい。アメリカ帝国主義国家権力者トランプは、この戦争で負けることはわかりきっているので、プーチン政権とのあいだで早く停戦にもちこみ、ウクライナの鉱物資源の権益を自国のもとにふんだくりたい、という野望を貫徹しようとしているのだからである。

あれもこれも、追いつめられた国家権力者どものあがきなのである。

ウクライナ戦争は、領土と資源の争奪のための帝国主義戦争である。東側の帝国主義陣営と西側の帝国

主義陣営の帝国主義戦争なのである。

国家権力者どもが、支配階級が搾取している労働者たちを兵士として動員して、相手国の労働者たちと殺しあわせているのだ。

こんなことを許してはならない。労働者を戦争に駆りだす・東の帝国主義をも西の帝国主義をも打倒しよう！

全世界の労働者階級は、プロレタリア世界革命のために、みずからを階級として組織しよう！

二〇二五年三月二日

〔7〕トランプ政権はゼレンスキーを辞任に追いこむつもりか。ゼレンスキーは嵌められた？

トランプの手下であるウォルツ大統領補佐官は、――イギリスでおこなわれている・ゼレンスキーをまじえたヨーロッパ諸国の権力者どもの鳩首会談をしり目に、――三月二日、CNNテレビに出演し、「われわれには、ゼレンスキー大統領が戦争の終結に向けて話しあう準備ができているかが分からなかった。首を振り、腕を組むなど信じられないほど無礼だった」と、かの口論についてしゃべった。

そのうえで、彼は、「ウクライナにはわれわれと、そして、最終的にはロシアとも取り引きし、戦争を終えることができる指導者が必要だ」とのべた。これは、ウクライナの国家権力者の首をすげかえるべきだ、という目論見を露骨に表明したものである。自分たちトランプ政権は、ゼレンスキーを辞任に追いこむ、という意志をあらわにしたのである。

また、ウォルツ補佐官は「この戦争を終わらせる必要があり、領土に関する妥協をすることになるだろう」とのべた、という。これは、現在の軍事上の前線を停戦ラインにする、ということの表明である、と言える。

これより前三月一日には、ニューヨーク・タイムズは次のように報じた。アメリカ共和党のリンゼー・グラハム上院議員が会談前に、「挑発に乗らないように」「安全（の保証）について議論しないように」とゼレンスキー氏に助言していたが、実らなかった、と。

これは、アメリカ国家はウクライナ国家の軍事上の安全を保証することはない、という意志の表明である。これは、トランプが「アメリカがウクライナの鉱物資源を共同で開発するならば、ロシアが攻めてくることはない」と、くりかえし述べていたことと同じである。

この意味では、ゼレンスキーはトランプ政権の面々に嵌《は》められたのだ、と言える。この面々の意志は、「安全の保証」をもとめるかぎり、ゼレンスキーを切る、ということである。

これほどまでにアメリカ帝国主義は危機なのだ、といわなければならない。アメリカの国家権力をつかさどる面々は、ウクライナの停戦をできるだけ早く実現し、ロシアとの戦争のためにアメリカの国家資金をつぎこむのをやめて、アメリカの資本家階級が労働者階級を支配するための政治体制を何としても維持する、ということだけを考えているのである。彼らは、アメリカの資本家が労働者を搾取する、この関係を守りぬくのだ、という衝動に駆られているのである。

トランプ政権が移民排斥の排外主義をあおり、労働者階級を分断する追求をやっていること自体がそうである。

アメリカのプロレタリア階級闘争は変質させられ、壊滅に追いこまれてきた。それでもさらに、アメリカの支配階級は、労働者階級を抑圧し、労働者たちの労働という生き血を徹底的に吸い取ることを追求しているのである。

全世界のプロレタリアートは、怒りにもえて起ちあがろう！

西の帝国主義をも東の帝国主義をも打倒し、プロレタリア世界革命を実現するために、全世界のプロレタリアートはみずからを階級として組織してたたかいぬこう！

二〇二五年三月三日

〔8〕　トランプは、ウクライナへの軍事支援を一時停止することを命令した。これは、ウクライナ政府に屈服をせまるためだ！

ホワイトハウス当局者は三月三日に、トランプ大統領がウクライナへの軍事支援を一時停止することを命令した、と明らかにした。

そして「トランプ大統領は和平に焦点を当てることを明確にしてきた。関係国もその目標に向けて取り組むことが必要だ。われわれの支援が問題の解決に役立っていることを確認するために支援を一時的に停止し、検証している」とのべた。

また、アメリカの通信社ブルームバーグは、国防総省の高官が、「軍事支援の停止は、トランプ大統領が、ウクライナのリーダーが平和にたいする誠実な決意を示したと判断するまで継続される」と語った、と報じた。

アメリカ政府は、「まだウクライナに届いていないすべての軍事支援が一時停止の対象になる。航空機や船舶で輸送中の兵器や、隣国のポーランドに運び込まれたものも含まれる」としている。

これは、トランプ政権がウクライナ政府に、自分たちに従え、と屈服をせまったものである。「安全の保証」などということをつべこべ言わずに、ウクライナの鉱物資源をアメリカと共同で開発することが、ロシアが攻めてこない保証だと考えろ、ということである。「ウクライナのリーダーが」という表現をとっているのは、ゼレンスキーが従わないのなら辞任させせろ、ということである。

これより前、AP通信は、ウクライナのゼレンスキー大統領が訪問先のイギリスで二日に、「ロシアとの停戦合意に達するにはほど遠い」とのべたと伝えた。これについてトランプは三日に、SNSに「最悪の発言だ。アメリカはもう長くは我慢しない。この男はアメリカの後ろ盾がある限り、平和を望んでいない」と投稿し、ゼレンスキーを激しく非難していた。

アメリカの国家権力者トランプがこのように命令したのは、生活苦にあえぎ不満をいだいている労働者たちを懐柔するためには、ウクライナで停戦にもちこみ、軍事支援に使っていた国家資金を国内の諸企業へのテコ入れにまわす以外にない、と考えているからである。これは、アメリカの支配者どもが、労働者たちをだまして、もっとこき使い、彼らの労働を搾り取ることを狙っているからなのだ。まさに、国家資金を独占資本家どもの資本の増殖のために使うことを、トランプは目論んでいるのである。そのためにこそ、労働者をだまし、搾取を強化するのである。

これが、トランプが停戦を叫ぶ目的なのである。

アメリカの労働者階級は団結して、このようなトランプ政権を打倒しよう！

全世界のプロレタリアートは、西と東の両陣営のすべての国家権力を打倒し、労働者階級の解放をかちとるために、国際的に団結してたたかおう！

二〇二五年三月四日

三　日本製鉄によるＵＳスチール買収をめぐる抗争

〔1〕ＵＳスチール買収阻止は、アメリカ権力者のあがきだ。全世界の労働者はプロレタリア世界革命のためにたたかおう！

アメリカ大統領バイデンは、二〇二五年一月三日に、日本製鉄によるアメリカ最大の鉄鋼独占体ＵＳスチールの買収を禁止する命令を出した、と表明した。両社は、ただちに、この表明を非難し、提訴などに踏み切る方針を明らかにした。

バイデンが買収阻止に踏み切ったことは、自国経済の衰退と中国の脅威にうちのめされたアメリカ帝国主義国家権力者のあがきにほかならない。

トランプは、大統領に就任するとともに、中国とのあいだに関税障壁を築いて、中国の鉄鋼製品の流入を阻止し、アメリカ鉄鋼業を守る構えである。だが、日本製鉄がＵＳスチールを買収しようが、アメリカ国家権力者がこれを阻止しようが、アメリカ鉄鋼業の没落は必至である。なぜなら、アメリカの鉄鋼業は、老朽化した高炉などの生産設備を抱えて死の危機にあえいでいるのにたいして、中国の鉄鋼業は、よりいっそう技術化した生産設備を建設して、生産を拡大し世界を席巻しているのだからである。しかも、中国の国家資本主義経済の上に君臨する国家権力者・習近平は、長年、過剰な生産設備を抱えて利益の確保にあえいでいる中国の鉄鋼諸独占体・諸企業が互いにつぶしあうのをそのままにし・それを大いにやらせておいたうえで、自国の鉄鋼製品の安い価格での全世界への売りこみに、そののりきりを策しているのだからである。日本の鉄鋼諸独占体もまたこの中国に敗北した。日本製鉄は、USスチールの買収によるアメリカ市場へのよりいっそうの進出に延命の道を託したのであった。その道もほぼ断たれた。

全世界の鉄鋼諸独占体は危機におちいっているのである。これらの企業を支配する独占資本家どもは、そして彼らの利害を体現する国家権力者どもは、労働者たちをよりいっそう熾烈に搾取し収奪する、とともに、生産効率を高めるために過剰な設備は直接的に廃棄し、競争に敗北した企業は倒産に追いこんで、そこで働いてきた労働者たちの首を切り・彼らを路頭に放りだす、このようなかたちでの諸独占体の生き残りに狂奔しているのである。

しかも、トランプは国家権力者の座に就いて、自国の独占体を守るために関税を大幅にひきあげることを目論んでいるのである。これは、労働者・勤労者にとっては消費税をつりあげられることと同じ意味をもつのであり、その分が国家に収奪され、これらの人びとは、物価高によって生活苦に苦しめられることになるのである。

全世界の国家権力者どもと独占資本家どもは、抗争にうちかち自分たちの利害を守るために、労働者たち・勤労者たちをよりいっそう過酷に搾取し収奪し抑圧することをたくらんでいるのである。労働者たち・勤労者たちは、この全世界をその根底から転覆する以外には、自分たちを守る道はない。資本が賃労働を搾取するというこの資本制生産関係を廃絶することが急務なのである。

だが、現代ソ連邦の崩壊と、スターリン主義者による裏切りと破産によって、全世界のプロレタリア階級闘争は壊滅させられてしまった。われわれプロレタリア党は、この痛苦な敗北をかみしめ、世界各国のプロレタリア党と連帯し団結して、この現実を突破し、プロレタリア階級闘争を新たなかたちで創造するために奮闘しているのである。

全世界の労働者の仲間たち！　勤労者の仲間たち！　学生・高校生の仲間たち！

プロレタリア世界革命のためにたたかおう！　全世界を獲得しよう！

万国のプロレタリア、団結せよ！

二〇二五年一月五日

〔2〕アメリカ鉄鋼独占資本家、労働貴族、トランプ、バイデンら一体になってのアメリカ第一主義にもとづく買収つぶし

日本製鉄とUSスチールは、アメリカ大統領バイデンによる買収禁止命令に反対して、アメリカ政府を提訴した。あわせて両社は、アメリカ鉄鋼大手のクリーブランド・クリフスと全米鉄鋼労働組合（USW）のデビッド・マッコール会長にたいして、虚偽の発言で計画を妨害したとして、訴訟を起こした。

次期大統領トランプは、SNSに「関税によってUSスチールはより収益性が高く、価値のある企業となるのに、なぜいま売却したいのだろうか」と投稿した。

これらの動きに、対立の構図をみてとることができる。

クリーブランド・クリフスは、経営の危機に瀕したUSスチールに買収を提案して拒否された企業なのであり、この企業は買収のための抗争で日本製鉄に敗北したのである。粗鋼の生産量において、二〇二四年には、クリーブランド・クリフスは世界二二位、アメリカで二位であり、USスチールはそれぞれ二四位、三位である。アメリカで一位のニューコアは世界一五位である。日本製鉄は、四位であり、世界ランキングの上位には、中国の企業がひしめいているのである。

そして、アメリカの鉄鋼業の独占資本家ども総体と、UAWのマッコール会長を先頭とする労働貴族どもはつるんでいるのである。彼らは、ともども、衰退したアメリカの鉄鋼業を守るためにトランプのアメリカ第一主義のナショナリズムを自分たちのイデオロギー的支柱としているのであり、トランプが中国にたいする関税障壁をよりいっそう高くしてくれるのを待ち望んでいるのである。

危機に瀕したUSスチールの経営陣からすれば、世界二二位のクリーブランド・クリフスに買収されたとしても何の役にもたたない。ともに、老朽化した設備を抱えた存在なのであり、自社のおいしいところだけをとって、あとは廃棄するというかたちで解体されるのが落ちなのである。日本製鉄は、汎用品では中国に負けていても、高度な技術性をもつ鋼材を生産するという点にかんするかぎりでは、中国よりも優れた生産技術をもつ。USスチールの経営陣は、自社を守るためには、日本製鉄の資金力と技術力にたよる以外にないのである。

これに反して、アメリカの鉄鋼独占資本家ども総体と、これにつき従う労働貴族どもは、倒産寸前の一社の一時しのぎの延命策には付き合っていられない、中国の脅威にたいしては、関税障壁を構築するというトランプにすがる以外にない、ということなのである。

アメリカの労働組合員たちは、この労働貴族どもにだまされたままである。アメリカの労働者たちが、アメリカ第一主義というトランプのアメリカ・ナショナリズムに毒され、自分たちは独占資本家どもによって搾取されている賃労働者なのだ、という意識をもちえなくなっていることに危機がある。

これは日本の労働者も同じである。中国の労働者も同じである。

アメリカの独占資本家どもも、日本の独占資本家どもも、中国の独占資本家ども・官僚資本家どもも、労働者たちを徹底的に搾取することを基礎にして、互いに抗争しているのである。

全世界の労働者たちは、このような資本家どもの支配を根底から転覆するために、階級的に国際的に団結しよう！

労働者たちは資本の鉄鎖以外に失うものはない。

プロレタリア世界革命のためにたたかおう！

二〇二五年一月九日

〔3〕USスチール買収阻止問題への日本ナショナリズムの貫徹

自民党は、一月九日に、経済安全保障推進本部などの合同会議を開き、バイデン大統領による日本製鉄のUSスチール買収を阻止する命令にたいして、「撤回をふくめた適切な行動」をアメリカ政府に求めるように日本政府に要請する決議をあげた。決議では、「バイデン政権による判断は、理解に苦しむものであり、残念というほかない」、とした。

この文言に、資金力と技術力をもつ日本製鉄がUSスチールを買収してこそアメリカの鉄鋼業は蘇り、アメリカの軍需独占体による兵器の製造に必要な鋼材の生産も保障されるのだ、という日本の独占資本家どもの自負と意志を代弁する姿をみてとることができる。

自民党の政治エリートどもは、経済エリートともども、衰退するアメリカ国家をささえるかたちで日本国家は世界に雄飛するのだ、という日本ナショナリズムをこの買収阻止問題に貫徹したのである。

たとえ日米の独占資本家どもと両国家権力者があがいたのだとしても、中国国家権力者・習近平が育成してきた中国の鉄鋼諸独占体が世界を席巻していることには変わりはない。

労働者たち・勤労者たちへの搾取と収奪と抑圧を強化することを基礎にして抗争する西側と東側の帝国主義諸国家家力を、全世界のプロレタリアートの階級的力で打倒しよう！

万国のプロレタリア、団結せよ！

二〇二五年一月一〇日

四　アメリカ第一主義の貫徹とヨーロッパ極右の台頭

〔1〕イーロン・マスク、ドイツの極右政党を礼賛！――これが次期トランプ政権の本性だ！

次期トランプ政権の要職に就くことが予定されているイーロン・マスクは、二〇二五年一月九日、ドイツの極右政党「ドイツのための選択肢（ＡｆＤ）」のワイデル党首とＸ（旧ツイッター）上で対談して強い支持を表明し、「ワイデル氏はとても賢明だ」と礼賛した。

これは、イーロン・マスクが、次期トランプ政権をヨーロッパの極右政党、それがにぎる政権と同じようなものにしたい、と願っていることを表明したものにほかならない。

レーガン、サッチャー、中曽根らの新自由主義政策の貫徹によって、アメリカ、イギリス、日本の、それ自体ゆがめられていた労働運動は壊滅させられた。ソ連の崩壊と各国スターリン主義党の破産によってヨーロッパ大陸におけるプロレタリア階級闘争は壊滅させられた。このようにして復活をとげた西側の帝国主義諸国家は、中国帝国主義の経済的伸長とロシア帝国主義の軍事的反攻によって窮地にたたされているのである。一超帝国主義を誇ったアメリカは、世界の覇権を狙う中国に追いつめられている。

まさにこのゆえに、西側の帝国主義諸国家権力者どもは、「自国第一主義」のナショナリズムを鼓吹して労働者階級をよりいっそう深くからめとり、国民として国家のもとに強固に統合することを策しているのであり、このようにしてもなお弱体なところを補完する勢力として極右政党が伸長しているのである。トランプと、これにとりたてられ・これをささえるイーロン・マスクは、自分たち自身が極右勢力と同じものとなって、強権的な支配体制を敷き、労働者階級を精神的にも身体的にも身動きできないようにがんじがらめにすることを狙っているのだ、と言ってよい。

独占ブルジョアジーの支配を盤石なものとするための帝国主義諸国家権力者と極右諸勢力の諸策動を粉砕し、西側と東側の帝国主義諸国家権力そのものを打倒し、プロレタリア世界革命を実現するために、全世界のプロレタリアートは、みずからを階級として組織し国際的に団結しよう！

二〇二五年一月一〇日

〔2〕トランプ、「緊急事態」宣言を検討——労働者を生活苦のどん底におとしいれるつもりだ！

アメリカのCNNは、トランプ次期大統領が輸入品に一律の関税をかけるために「緊急事態」の宣言を検討している、と報じた。

トランプが検討しているのは、「国家緊急経済権限法（IEEPA）」にもとづく緊急事態宣言だという。同法は、安全保障やアメリカ経済などへの重大な脅威となる相手国にたいして、大統領が緊急事態宣言を発令し、輸出入や外国為替取引に規制をかけることができると定めるものである。

すでにトランプは、中国にたいしては、関税をさらに大幅に引き上げると脅し、同盟国をふくめてすべての国に、すべての輸入品に一律一〇～二〇％の関税をかけると脅している。さらに、グリーンランドをアメリカによこせ、とデンマークを脅し、アメリカの一つの州になれ、とカナダを脅し、メキシコ湾をアメリカ湾と呼ぶ、とメキシコを脅し、パナマ運河はアメリカがつくったものだ、とパナマを脅している。トランプをささえて自分の利害を追求するイーロン・マスクは、ドイツの極右政党「ドイツのための選択肢（AfD）」への投票を呼びかけてショルツを脅し、イギリスの右派政党を支持してスターマー首相の交代を画策している。

いままた、トランプは、「緊急事態」を宣言するぞ、と世界のすべての国の国家権力者を脅したのだ。

しかも、関税の引き上げは、トランプが、「自分はアメリカの産業を守り労働者を守るのだ」、と労働者をだます手口でもある。

関税の引き上げは、労働者にとっては消費税の引き上げと同じであり、労働者は物価高で生活苦のどん底に突き落とされるのだ。労働者たちは、アメリカ第一主義のナショナリズムをあおる、こんなトランプやイーロン・マスクにだまされてはならない。トランプと同じことを唱和する・労働組合指導部たる労働貴族どもにだまされてはならない。アメリカの労働者たちは、みずからを階級として組織してたたかおう！

全世界のあらゆる国家権力者どもは、西側の帝国主義陣営のやつらも、東側の帝国主義陣営のやつらも、そしてグローバル・サウスの諸国のやつらも、自国の独占資本家どもの利害を体現して、労働者たちの搾取を強化することによって自分たちの延命をはかっているのである。労働者たちは、みずからをプロレタリア階級として組織して自国の国家権力を打倒しよう！

全世界のプロレタリアートは、階級的に国際的に団結し、プロレタリア世界革命のためにたたかおう！

二〇二五年一月一一日

〔3〕 イタリアの極右メローニ首相、「アメリカはグリーンランドやパナマ運河を強制的に奪うことはない」とトランプを擁護

イタリアのジョルジャ・メローニ首相は、一月九日の年次記者会見で、グリーンランドやパナマ運河を自国のものにしようとするトランプの発言をさして、「今後数年のうちに、アメリカが、自国が関心を持つ領土を強制的に併合しようとすることはないだろうと私は思う」「両地域とも近年、中国が台頭している」と述べ、中国を念頭においた発言だ、というようにトランプを擁護した。

また「マスク氏は言論の自由を行使しただけだ」と、極右勢力をたたえたイーロン・マスクを擁護した。

メローニは、第二次世界大戦後のネオ・ファシズムの流れをくむ極右政党「イタリアの同胞」の党首を務める。

メローニはしゃしゃり出た。この権力者は次のように呼びかけたのだ、と言ってよい。

——台頭する中国に対抗し・ロシアを抑えこむために西側諸国は結束しよう。ヨーロッパ諸国は、次期トランプ政権のアメリカと固く結びつくべきだ。われわれ極右勢力こそが、ヨーロッパの資本家階級の利害を体現し、全資本家階級の意志を貫徹しうる能力をもつ。ヨーロッパの国ぐには、私・極右のメローニが率いるイタリアが牽引する。それぞれの国では、極右政党が中心となり他の諸政党がそのまわりに結集

した勢力が国家権力を掌握すべきだ。——と。

歴史はくりかえす。ファシスト・ムッソリーニは、世界で真っ先にイタリアで国家権力を掌握した。そしてヒトラーのナチスはこれにつづいた。

だが、ブルジョアジーとプロレタリアートとの力関係は、かつてと今とでは決定的に異なる。

かつては、ブルジョアジーにたいするプロレタリアートの階級闘争が激化する状況のもとで、動揺した小ブルジョアを軍隊的に組織化し労働者の諸組織を暴力的に破壊して、「国家社会主義」を標榜したファシストやナチスが国家権力を掌握し、これが独占ブルジョアジーの権力となった。

だが、いまは、ソ連の崩壊と各国スターリン主義党の破産によってプロレタリア階級闘争は壊滅させられ、われわれプロレタリア党の組織的力量はなお微弱である。極右勢力は、移民排斥の排外主義をあおって、労働者階級をイデオロギー的にだまし・かつ・分断したことに立脚し、自分たちが独占ブルジョアジーの利害を貫徹することを公言して、国家権力を掌握し、また掌握しようとしているのである。

中国・ロシアの東側帝国主義勢力の脅威が迫っていることのゆえに、アメリカおよびヨーロッパそして日本の独占ブルブルジョアジーの危機は深刻であり、彼らの利害を体現する極右・自国第一主義・ナショナリズムの諸勢力は、あがきに満ち満ちて、凶暴である。支配階級は、迫りくる経済的危機に脅え、これをのりきるために、労働者たちの搾取を徹底的に強化することを企て、強行しているのである。

われわれプロレタリア党は、全世界のプロレタリアを一切のナショナリズムから解き放ち、階級として組織して、国際的な団結をかちとらなければならない。

全世界のプロレタリアートは、西側帝国主義陣営の、そして東側帝国主義陣営の、さらにグローバル・

サウス諸国の、すべての国家権力を打倒し、プロレタリア世界革命を実現するために、プロレタリア・インターナショナリズムに立脚し、みずからを階級として組織してたたかいぬこう！

二〇二五年一月一二日

〔4〕移民排斥の排外主義をうち砕け！──労働者階級の分断支配をはかるドイツ極右政党が首相候補を選出

ドイツの極右政党「ドイツのための選択肢（ＡｆＤ）」は、一月一一日の党大会で、二月の総選挙の顔とするために、アリス・ワイデル共同党首を首相候補として正式に選出した。同党が首相候補を立てるのははじめてである。これは、極右勢力がすでに国家権力をとっているイタリア、とろうとしているオーストリアにつづいて、ドイツで自分たちが政権の座に就くぞ、という意志を、この極右勢力が鮮明にしたものにほかならない。

全会一致で選ばれたワイデルは、「ＡｆＤはこの国をふたたび強く、豊かに、安全にする」、と叫んでドイツ・ナショナリズムをあおりたてた。

ワイデルは、政権奪取後一〇〇日以内に不法移民の大規模な強制送還などをおこない、ＥＵ（欧州連合）の移民政策から離脱する、と表明した。また、エネルギー価格の高騰を抑えるためにロシア産の天然ガスの購入を再開する、とも明らかにした。

同党は移民排斥やウクライナ支援反対を叫んで世論調査の支持率では二位につけているのであるが、主要政党はこの党との連立を拒んでいるのであって、この現状を突破し、総選挙で、圧倒的多数の一位におどりでることを、この極右勢力は狙っているのだといえる。

公共放送ＡＲＤによると、党大会会場周辺では同党の政策に反対する一万人以上が抗議デモをおこなった、という。

抗議する労働者たちを抑えこみ押しつぶし、イタリア、オーストリアにつづいて、自分たち極右勢力が中軸となって国家権力を掌握するために、この党は、不法移民の大規模な強制送還を前面に掲げたのだ、といわなければならない。移民に職を奪われ失業に追いやられているのだ、難民のために国家財政を使って自分たちは貧困に苦しめられているのだ、というように、難民および移民の労働者たちへの反感と敵愾心を、在来のドイツの労働者たちにあおり、労働者階級を分断し、相互に敵対させ、在来の労働者たちを自分たち極右勢力のもとにからめとること、これが移民排斥の呼号の目的なのである。これは、ユダヤ人への憎しみにドイツの労働者たちを駆りたてたナチスの手口と同じである。ドイツ人は優越な人種であるという、人種＝血の観点からユダヤ人虐殺を企てたナチスと今日の極右が異なるのは、移民・難民が外国人であり、外国から大量に流入してきた者たちであり、自分たちの職と国家資金をうばっているのだ、というように、在来の労働者たちに被害妄想をあおっていることにある。このイデオロギーは反移民の排外主義なのである。

排外主義は、外側に敵となるものを意図的にこしらえあげ、労働者たちにこれを攻撃させて労働者たちを自分たちのもとにからめとる、という支配階級のイデオロギーなのである。支配階級たるブルジョアジーは、資本による賃労働の搾取をおおい隠し、労働者たちの怒りを自分たちにむけさせず、他のものにむけさせるために、外側に敵となるものをこしらえあげるのであり、このようなものとしての排外主義のイデオロギーを鼓吹するのである。ドイツをはじめとするヨーロッパの極右勢力は、敵とすべきものとして難民と移民の労働者をえらんだのである。在来のドイツの労働者の敵愾心を、移民の労働者にむけさせれば、ブルジョアジーは、自分たちに階級的に対立するプロレタリアートを分断し、この被支配階級の内部で相互に対立させることができるのだからである。これほど支配にとって都合のいいことはない。

労働者たちはだまされてはならない。極右が宣伝する移民排斥の排外主義のイデオロギーをうちやぶろう！　移民排斥の排外主義を鼓吹する極右勢力そのものをうちくだこう！

ヨーロッパの独占ブルジョアジーの救世主として登場したこの極右勢力は、すでにイタリアで国家権力をにぎり、オーストリアで政権の座につこうとし、さらにドイツで政権奪取の鬨の声をあげた。次期トランプ政権の要職につくイーロン・マスクは「極右政党に投票せよ！」と呼びかけた。イタリアのメローニは、グリーンランド、パナマ運河所有の野望を抱くトランプを擁護した。次期トランプ政権とヨーロッパの極右政権とは、中国に対抗するために結束することを約束したのである。

世界は風雲急を告げている。独占資本家どもに搾取されている全世界のプロレタリアートは起ちあがろう！　プロレタリア階級闘争の壊滅状況をうちやぶろう！　みずからを階級として組織し、国際的に団結しよう！

東と西の帝国主義を打倒しよう！　一切の民族主義と排外主義をうちくだき、プロレタリア世界革命のためにたたかおう！

二〇二五年一月一四日

〔5〕ドイツ極右政権樹立を阻止せよ！　極右、移民世帯に「追放チケット」配布。ナチスの手口だ！

読売新聞は〈移民世帯に「追放チケット」　独右派政党、選挙ビラ　ナチス想起 警察が捜査〉という表題で次のように報じた（ベルリン＝工藤彩香、一月一六日朝刊）。

〈二月に総選挙を控えるドイツで、急進右派政党「ドイツのための選択肢（ＡｆＤ）」が、南西部カールスルーエの移民系世帯に「国外追放チケット」と称した選挙ビラを配布した疑いが浮上し、物議を醸している。第二次世界大戦中のナチスによるユダヤ人国外追放を想起させるもので、警察が扇動の容疑で捜査を始めた。

公共放送ＡＲＤなどによると、ビラは航空券を模したもので、搭乗者名に「移民」。発着地に「ドイツ発、安全な出身国着」と書かれていた。ＡｆＤカールスルーエ支部のＱＲコードも載っていた。移民排斥を掲げるＡｆＤはシリアのアサド政権崩壊後、シリア難民の強制送還を訴えている。

同地区選出のＡｆＤ議員はビラ配布を認めた。移民系だけではなく幅広い層を対象に自宅に投函し

たと説明している。カールスルーエ市長は「恐怖を引き起こすもので、一線を越えている」とＡｆＤの選挙活動を批判した。＞

この報道は具体的であり、この内容は事実である、といえる。

ＡｆＤ議員の言う「移民系だけではなく幅広い層を対象に自宅に投函した」というのは、ヒトラーのナチスを信奉する極右としての自分たちの意図をあけすけに語ったものといわなければならない。

二月の選挙で、自分たち極右勢力が勝利するために、移民系の労働者たちを恐怖でふるえあがらせて自分たちに抵抗できないようにするとともに、ドイツの在来の労働者たちには、「シリアは安全な国になったのにまだドイツに居座り自分たちの職を奪っている」というように移民への敵愾心をうえつけ、自分たちに票を投じさせる、ということをこの極右勢力は狙っているのである。まさに、これは、反移民の排外主義の貫徹である。これまでのブルジョア政府が、ゼレンスキー政権への兵器の援助とロシアへの経済制裁によってロシア産の天然ガスを得られずエネルギー価格が暴騰し、同時に経済が停滞して失業と生活苦におちいっていることを移民のせいにして、移民の労働者への攻撃へと、ドイツの在来の労働者たちとその他の諸階層の人たちをむかわせるというのが、排外主義を鼓吹する極右勢力の目的なのである。この排外主義の鼓吹は、ドイツの労働者階級の分断を目論むものであり、これは、労働者階級の不満と反発を圧殺し、自分たちの支配を盤石のものとする、というドイツ独占ブルジョアジーの利害を露骨に貫徹するものにほかならない。

ドイツのプロレタリアートとすべての勤労諸階層の人びとは、極右勢力主導の政権の樹立を阻止するために起ちあがろう！

選挙での一票に幻想をもってはならない。一切の議会主義から決別しよう！　労働者階級の階級的な力で、極右政権樹立を阻止しよう！　労働貴族どもの妨害をはねのけ、労働組合の下部組織から、職場から、極右政権樹立阻止のストライキ闘争を組織し展開しよう！

移民排斥反対！　排外主義をうち破ろう！　移民労働者とドイツ在来の労働者との階級的団結をつくりだそう！

ウクライナ戦争をうちくだけ！　ロシア政府による侵略阻止！　ゼレンスキー政権による軍事行動阻止！　ドイツ政府とＮＡＴＯ諸国政府によるゼレンスキー政権への一切の兵器の供与を許すな！

インフレによる労働者・勤労者の収奪反対！

独占資本家どもによる労働者の搾取を許すな！

ドイツのプロレタリアートと勤労諸階層は、一切の議会主義と民族主義から決別し、みずからを労働者階級として組織し、プロレタリア・インターナショナリズムの立場にたって、全世界のプロレタリアートと団結してたたかおう！

ドイツのプロレタリア党は、極右政権の樹立を阻止するために、職場・地区からソビエト（労働者評議会）を創造する組織的基礎をつくりだそう！　労働者たちを、ソビエト（労働者評議会）を創造する意志をもつプロレタリア革命の主体として変革し組織しよう！

われわれ日本のプロレタリア党とともに、全世界のプロレタリア党とともに、団結してたたかおう！

プロレタリア世界革命のためにたたかおう！

二〇二五年一月一六日

〔6〕 われわれはドイツのプロレタリア党の立場にわが身をうつしいれて、ドイツ極右政権樹立阻止の闘いの指針を解明しよう

われわれはドイツのプロレタリア党の立場にわが身をうつしいれ、階級的現実（階級関係および階級闘争の現実）を変革するという実践的立場にたって、極右政権樹立阻止の闘いの指針を階級闘争論的に、したがって革命理論および実践論を適用して主体的に解明しなければならない。

極右政権の樹立をプロレタリアートの階級的力で阻止しよう！

移民排斥反対！　排外主義の鼓吹をうちくだこう！　労働者階級の分断を許すな！

ウクライナ戦争反対！　ロシア政府による軍事侵略阻止！　ウクライナ・ゼレンスキー政権による軍事的対抗阻止！　ドイツのブルジョア政府およびＮＡＴＯ諸国政府によるゼレンスキー政権への兵器の供与を許すな！

インフレによる労働者・勤労者の収奪反対！

独占資本家どもによる労働者の搾取を許すな！

労働者階級の力を選挙での一票に解消させるな！　一切の議会主義から決別しよう！

極右政権の樹立を阻止し、ドイツ帝国主義国家権力そのものを打倒するために、職場・地区からソビエ

ト（労働者評議会）を創造する組織的基礎をつくりだそう！

プロレタリア・インターナショナリズムの立場にたって、全世界の労働者階級と団結してたたかおう！

プロレタリア世界革命のためにたたかおう！

わが日本のプロレタリア党とプロレタリアートはともにたたかうぞ！

万国のプロレタリア、団結せよ！

二〇二五年一月一七日

〔7〕われわれはプロレタリア世界革命の立場にたってヨーロッパ諸国における極右政権樹立阻止の指針をうちださなければならない

ドイツをはじめとするヨーロッパ諸国において、極右勢力が政権を掌握する動きを強めていることにたいして、労働者・勤労者・学生・知識人は、極右政権が樹立されるならば、民主主義的な諸権利が、とりわけ第二次世界大戦後に労働運動がかちとってきた労働者の諸権利が根こそぎ奪われてしまう、という危機意識を抱いて、極右政権の樹立を阻止する闘いに起ちあがっている。

ヨーロッパ諸国におけるプロレタリア党とその成員であるわれわれは、これらの労働者たちを、極右勢力による移民排斥の動きに反対し、この極右勢力が反移民の排外主義イデオロギーを流布して労働者階級を分断していることをうちくだく闘いそのものの担い手へとたかめていくために奮闘しなければならない。

極右勢力は独占ブルジョアジーの利害を体現して、労働者階級を分断し自分たち支配者に歯向かえないようにするために、「自分たち庶民の悲惨な境遇は移民労働者が厚遇されているせいだ。移民を出身国に送り返せ」と主張し・この動きを強めて、移民の労働者たちを恐怖に突きおとすとともに、在来の自国の労働者たちには移民の労働者たちへの敵愾心と攻撃の衝動をうえつけているのである。このようにするならば、自国経済の衰退と危機によって労働者たちがよりいっそう生活苦におちいったとしても、自分たち独占ブルジョアジーとその政治的代弁者の支配は安泰だ、というわけなのである。

われわれは、極右勢力のこの策動と排外主義のイデオロギーそのものを徹底的に暴露し批判して、在来の労働者たちをも移民の労働者たちをも階級的に変革し、労働者階級としての階級的団結を創造し強化していかなければならない。われわれは、これらの労働者たちを、プロレタリア世界革命の担い手へとたかめ組織していかなければならない。われわれは、極右政権の樹立を阻止しブルジョアジー独裁の国家権力そのものを打倒するために、この闘いの実体的基礎をなすソビエト（労働者評議会）を職場および地区から創造していく組織的基礎をつくりだしていかなければならない。

二〇二五年一月一八日

〔8〕軍事技術の開発に狂奔する日本帝国主義とイタリア極右メローニ政権とイギリス・ガタガタ政府

日本・イギリス・イタリアの三か国による次期戦闘機の共同開発事業を管理する政府間機関「GIGO（ジャイゴ）」の岡真臣・首席行政官が読売新聞のインタビューに答えて、「次期戦闘機の共同開発は、欧州の同志国との防衛協力に重要だ」と強調した（読売新聞二〇二五年一月一九日）。「できるだけ遠方で敵の航空機やミサイルに対処することが重要だ。より高度なステルス性や無人機と連携した空戦能力も必要だ」、と発言した。

これは、中国・ロシア・北朝鮮にたいして西側帝国主義陣営の先端にたつ帝国主義国日本として、軍事技術開発の意志を露骨にしめしたものにほかならない。と同時に、この軍事技術の開発は、最先端のIT（情報技術）およびAI（人工知能）技術そのものの高度化をはかるためのものでもある。この点については、極右として世界で最初に国家権力の座に就いたメローニのイタリアの政権も、極右勢力に揺さぶられたガタガタのイギリスの政権も、利害が一致するのである。

この三か国の政府は、産油国のサウジアラビアをこの共同開発に加えるかどうかということをも検討しているのである。

この技術開発事業は、トランプがアメリカの国家権力の座に就くことを条件として、新たな決定的に大きな意味をもつにいたった。

トランプは、世界の覇権を奪おうとする中国に対抗するために、没落したアメリカの起死回生の望みを最先端の高度技術の開発に託す、と同時に、既存の製造業にかんしては関税障壁で守り、また国際競争力を増すためにエネルギー源を石油・天然ガスに重点を移す、それでも生活苦によりいっそう突き落とされる労働者たちの不満を抑えこむために・移民を排斥する排外主義のイデオロギーを流布する、ということを目論んでいるのだからである。

トランプは、バイデンが退任演説で「オリガルヒ」(新興財閥)と非難した巨大高度技術企業を種々の規制から解き放ち・よりいっそう膨張させるために、まさにそのオリガルヒの雄イーロン・マスクを「政府効率化省DOGE(ドージ)」の共同トップに据えた。イーロン・マスクは、「アメリカという巨人を解放する。長い間、アメリカはガリバーのように何百万もの糸で地面に縛られてきた」、と叫んだ。彼は、自分が暴利をむさぼるために、自動運転技術やロケット開発などの規制の緩和自体をも狙っている、と言える。

西側帝国主義陣営内部においてこのアメリカと対抗するためには、日本もイギリスもイタリアも、高度技術の開発に狂奔しないわけにはいかないのである。日本政府は半導体企業の誘致に必死なのである。

メローニを先頭とするヨーロッパの極右勢力は、移民を出身国に送還することを主張し、排外主義をあおりつつ、同時に、高度な技術開発力をもつ移民の労働者=技術者にかんしては厚遇することを明らかにしているのである。

また、「掘って掘って掘りまくれ」と叫び、エネルギー政策を転換することをうちだしているトランプのアメリカと競争していくためには、日本・イタリア・イギリスの三か国の政府は、巨大産油国であるサウジアラビアを抱きこむことがどうしても必要なのである。ヨーロッパ各国の独占ブルジョアジーは、いまやロシアの天然ガスが一刻も早く欲しいのであり、各国の極右勢力は、自国の独占ブルジョアジーの利害を体現して、早くウクライナ戦争を停止しロシアから天然ガスを買うことを主張しているのである。

メルケルがドイツの首相であった時代から捉えかえすならば、このときには、ヨーロッパ各国の国家権力者と独占ブルジョアジーは、自国の経済的発展をはかるために、中国との経済的関係を強化し、またロシアから安い天然ガスを買う、とともに、軍事的にはロシアの脅威を取り除くためにNATOを東方に拡大する、ということを追求してきた。だが、この甘い希望は見事に破綻した。中国とロシアとは、帝国主義国に発展していたのである。西側帝国主義陣営の盟主アメリカは、帝国主義中国に経済的に敗北した。NATOの東方拡大に脅えて狂乱化した帝国主義国ロシアは、ウクライナへの軍事侵略にうってでた。アメリカもヨーロッパ諸国も、ウクライナのゼレンスキー政権への軍事的支援によって、経済的に疲弊し、下層労働者は生活のどん底に突き落とされた。中国はロシアを経済的にささえた。頼みのインド・ブラジルなどのグローバル・サウス諸国は、西側帝国主義陣営につくことはなく、東西の両陣営の諸国と関係をたもって、甘い汁を吸った。

ここに、トランプが、窮乏化した労働者たちをだまして再登場したのであり、このトランプがイーロン・マスクをつかって、ヨーロッパ諸国の極右勢力と手を組んだのである。

経済的に疲弊し危機におちいり、いまや極右勢力をみずからの利害の体現者としたヨーロッパの独占ブルジョアジーと、トランプを国家権力者の座につけたアメリカの独占ブルジョアジーとは、競争と対立と抗争をはらみつつ、東側帝国主義国・中国に対抗するために、利害の一致を見いだしたのである。最先端の高度な技術を必死で開発しなければならない、という点において。ウクライナのゼレンスキー政権への支援に国家資金をつかっていられない、という点において。そして、自分たちが生活苦のどん底に突き落とした下層労働者たちをだまし支配しつづけるためには、移民排斥の排外主義のイデオロギーを鼓吹し貫徹しなければならない、という点において。これは、日本の国家権力者と独占ブルジョアジーにとっても同じである。

だがもちろん、この利害の貫徹は、西側帝国主義陣営内部のこれらの諸国の抗争の激化をも意味する。高度技術の開発を相互に競い合わなければならず、エネルギー源を何にもとめ・どこからどのように手に入れるのかをあらそわなければならず、アメリカの関税障壁の構築をめぐって衝突しなければならず、そして、排外主義のイデオロギーはそれぞれの国の独自のナショナリズムをなすのであって、各国の国家権力者は「自国第一」主義のナショナリズムを内と外に排外的に貫徹するのであり、この貫徹は相互の激突となるのだからである。

全世界のプロレタリアートは、各国の国家権力者どもによるナショナリズムの貫徹をうちやぶり、独占資本家どもによる搾取を廃絶するために、プロレタリア・インターナショナリズムの立場にたって国際的に階級的に団結してたたかおう！

東西の帝国主義諸国家権力と一切の資本主義国家権力を打倒して、プロレタリア世界革命を実現するために、みずからをプロレタリア階級として組織しよう！

二〇二五年一月一九日

〔9〕ドイツの総選挙で極右の「ドイツのための選択肢ＡｆＤ」が第二位に伸長。移民排斥の排外主義をうち砕こう！

ドイツの総選挙は開票途中であるが、報道によれば、極右政党「ドイツのための選択肢（ＡｆＤ）」が倍増の二位に伸長している。

最大野党の保守陣営「キリスト教民主・社会同盟（ＣＤＵ・ＣＳＵ）」が首位を確実にし、得票率で二八・六％、「ドイツのための選択肢（ＡｆＤ）」が二〇・五％、ショルツ首相が率いる与党の中道左派ドイツ社会民主党（ＳＰＤ）は大敗し、一六・五％である。

アリス・ワイデルのＡｆＤは、「移民・難民を、出身国に強制送還せよ」と主張し、移民排斥の排外主義をあおりたててきた。彼らは、ウクライナ軍事支援と対露制裁にもとづいて惹起したエネルギー価格の高騰に苦しむ労働者たちや、なお貧困状態に突き落とされている旧東ドイツ地域の人びとに、「移民に職場をうばわれている」「移民・難民に国家予算を費やし彼らを優遇しているから、自分たちは貧しいままであり救われないのだ」というように、移民・難民の労働者たちへの反感と敵愾心をうえつけてきたのである。これは、ドイツの独占ブルジョアジーの意を体して・この極右政党が、労働者たちの不満が自分たち支配階級への反抗へと向かうのを阻止し、移民労働者に向けさせることを策すものであり、労働者階級の分断を目論むものなのである。

このことは同時に、「不法」と烙印した移民の強制送還を強行しているアメリカのトランプ政権、その中枢を担うイーロン・マスクが、ワイデルをほめたたえ・この極右政党を公然と支援したことに端的にしめされる。

この極右政党は、移民のなかでも、ICT（情報通信技術）やAI（人工知能）技術などにかんする高度な技術性をもつ移民の労働者＝技術者にかんしては、高給で優遇する、という政策をうちだしているのである。このことに、この極右政党が、中国およびアメリカに対抗して高度技術部門においてヨーロッパを牽引するという野望を抱いているドイツの支配階級の意志を体現していることが、明らかなのだ。

極右政党と支配階級は、移民労働者のなかでも高度な技術性をもつ労働者を優遇して取りたて、下層の労働者を強制送還の恐怖におとしいれる、というかたちで、移民の労働者自身を分断することをはかっているのである。

ドイツの独占ブルジョアジーとその利害の政治的体現者どもは、労働者たちをよりいっそう過酷に搾取し収奪し、こうすることによって深刻な経済危機をのりきるために、労働者階級を二重にも三重にも分断して自分たちの支配を盤石のものとすることを策しているのである。

ドイツの独占ブルジョアどもは、中道右派政党あるいは中道左派政党を政権トップの座にすえるだけでは、労働者たちの不満を吸収できないと感じているのだ。ここに、彼ら独占ブルジョアどもが、極右政党を活用するゆえんがあるのであり、移民排斥の排外主義を鼓吹させる根拠があるのである。

ドイツのプロレタリアートは、このような独占ブルジョアジーとその支配そのものを覆さなければならない。これまでの国家権力もこれからうちたてられようとしている国家権力もブルジョアジー独裁の国家権力である。このブルジョア支配を極右勢力が支えているのである。このブルジョアジー独裁の国家権力そのものを打倒しよう！

全世界のプロレタリアートは、西の帝国主義をも東の帝国主義をも打倒するプロレタリア世界革命を実現するために、みずからを階級として組織し、国際的に団結しよう！

二〇二五年二月二四日

II

黒田寛一の内面にうずきつづけた日本民族主義

「日本民族」という意識は残るのではないか――「新しい人間の探求」にしめされるもの

松代秀樹

一　黒田寛一は日本民族の解放を希求しつつ「プロレタリア的人間の論理」を書いていた

一九五〇年代の初めに、黒田寛一が『ヘーゲルとマルクス』『プロレタリア的人間の論理』『社会観の探求』を書いていたときには、彼は、日本共産党の民族解放民主主義革命路線にもとづく火炎びん闘争に共鳴し・それを支持していた。このときとそれ以降の彼の精神構造はどうなっていたのであろうか。彼の内面では、プロレタリア革命のためのプロレタリアの自覚の論理の解明と日本民族の解放を希求する心とが同居していたのである。

私は気になって「新しい人間の探求」という論文を読みかえした。この論文は『黒田寛一　初期セレクション』上巻に収録されている。読みかえすと、ここには、「植民地化された日本の民族の悲劇」「祖国日本」という展開がふんだんにでてくる。これが書かれたのは、一九五四年ごろである。冒頭で、アメリカが一九五四年三月一日に太平洋ビキニ環礁でおこなった水爆実験によって日本のマグロ漁船・第五福竜丸が死の灰を浴びたという事件についてふれられているからである。この論文は、その最後に「ソ連製死の灰の日本地域への降下——執筆中止。考えなおさなければならぬ。」と書き記されて、終わっているのであるが、ソ連は一九五三年八月に水爆実験を成功させたのであった。私は、ソ連製死の灰が日本に降ったときを調べあげることはできなかった。

これを調べあげるまでもなく、黒田は、「プロレタリア的人間の論理」に立脚して「新しい人間の探求」をおこないつつ、「日本の独立」を希求していたのであった。この論文には、吉田内閣の外務大臣への「非人間的な言葉」「戦争の悪魔に魂をうりわたした非日本人的な日本の支配階級」という非難の言葉がならんでいるのである。ここにつらぬかれているのは、日本民族主義のイデオロギーそのものである。

支配階級たるブルジョアジーがプロレタリアートとその他の諸階級・諸階層を国民＝民族として国家のもとに統合するために流布するイデオロギーが民族主義なのである。したがって、プロレタリアートの階級的価値意識と民族主義のイデオロギーとは、まさに鋭角的に対立するのである。ところが、黒田の内面ではこの両者が同居し、かたく結びつき融合しているのである。黒田の内面は、いったいどうなっているのであろうか。

この時点のほんの少し前である敗戦前には、若い労働者たち・農民たちや学徒に日本民族という意識を注入して、中国をはじめとするアジア諸国への侵略戦争、米・英の帝国主義諸国との植民地争奪戦争に駆りたてた日本の支配階級を「非日本人的」と非難するのは、いったいどういう精神なのであろうか。

私は、黒田寛一は若いころに日本共産党の民族解放民主主義革命論とそれにもとづく火炎びん闘争に共鳴していた、ということを知っていたが、それは克服したのだ、と思いこんでいた。「新しい人間の探求」というこの文章を読んだときも、黒田の過去のものとして読んでいた。だが、いまこの論文を読みかえすと、「日本民族」という意識は、終生、彼をつきうごかすものであるかのように、黒田の内で生き生きと息づいているのである。

黒田は私とは世代が違うのだ、ということをもっと深く考えなければならないのだ、ということを私はいま感じた。戦前の教育をうけ、敗戦とその直後を体験した人は、一九四五年一二月生まれの私とは違うのだ。そういう人については、私は簡単にはつかみえないものがある、ということをもっと自覚しなければならない、と感じるのである。そういう人にとっては、「日本民族」という意識は絶対的なのだ。そしてまた、そういう人にとっては、ソ連が絶対的であるのは、私がこれまでつかんでいた以上に重いのだ。

私は幼少のころから、第二次世界大戦は植民地争奪のための侵略戦争だと思い、「日本民族」という発想は戦前を感じるだけのものであり、巷の大人が見せることがある「日本人」という感覚は大嫌いであった。そして、私は道徳を戦前の封建的なものと感じ拒絶した。また、アメリカの核実験の死の灰も、ソ連の核実験の死の灰も降ってきており、私はアメリカもソ連もおかしい、と思っていた。私は世界のすべてをおかしい、と思っていた。

しかし、戦中、敗戦、敗戦直後を体験した人は、どうも違うようなのである。日本共産党はアメリカ占領軍を「解放軍」と呼び大歓迎したのであったが、米ソの対立の顕在化とアメリカの占領下で、民族解放民主主義革命路線とそれにもとづく武装闘争に転じたのであった。私は、これを、二段階革命戦略の誤謬にもとづくものであり、スターリン主義を根源とする、と捉えてきたのであったが、それにつきるものではない、という気がしてきたのである。それは同時に、日本共産党を構成していた主体が、自分のおなかの中にあった日本民族主義にまいもどったものではないか、という気がしてきたのである。共産主義者を名のる人間たちも、左翼知識人たちも、米ソ対立の顕在化と中国革命の成立という諸条件のもとで、ソ連と中国の側につくという意識のもとに、反米というかたちをとって、これまで自分の実存的支柱としてきた日本民族主義をもう一度おのれの心の支えにしたのではないか、という気がするのである。そのようにしてつくりだしたイデオロギーと立場は反米民族主義にはちがいはないが、それをつくりだした主体には、これまで自分をつきうごかしてきた日本民族としての心根がうずいているのではないか、という気がするのである。戦前も戦後も二段階革命戦略をとったスターリン主義者とはこういうものではないか、と私はいま思うのである。

わが黒田寛一もまた、プロレタリア的人間の論理を追求したことが他の者とちがうのであって、その精神構造は、共産主義者を名のった者たちと同じであったのではないか、と私はいま思うのである。

この間、私の頭にうかんできた歌がある。それは「民族独立行動隊の歌」である。これは、一九五〇年代に、うたごえ喫茶などで歌われていた歌ではないだろうか。音痴の私は、一九六二年に、これは民族主義の歌だな、と思いながら、いろんな反戦歌・労働歌とともに、歌うのが好きな仲間から教えてもらって覚えた。

「民族の自由を守れ。決起せよ祖国の労働者。栄えある革命の伝統を守れ。血潮には正義の血潮持て。たたきだせ、民族の敵、国を売る犬どもを。……」という歌詞である。「民族」「祖国」ということと「労働者」「革命」ということとが、平和共存し同居しているのである。私よりも世代が上の一九五〇年代当時の若者たちはこういう怒りとパトスをわきたたせ・みなぎらせたのではないだろうか。この歌詞は、黒田の「新しい人間の探求」の文章と、そこからわきあがってくるものが非常によく似ているのである。

二　民族主義イデオロギーの自己批判はない

黒田寛一は「新しい人間の探求」で次のように書いている。

「わが日本においては、事態はさらに深刻である。敗戦によって占領下におかれ、国家的独立をうばわれ、自由をうしない、平和はおびやかされている。日本国民はかつてない民族的危機に直面しているからだ。政治的にも経済的にも軍事的にも、アメリカ帝国主義に従属化されている。いまや、かつての日本軍国主義はアメリカ占領軍に支配された植民地の地位につきおとされた＊。だがこのことは、たんなる植民地化を意味しない。不安全を保障してやるといわんばかりのものすごい軍事基地の網の目の中に、日本はおかれているのだ。」(『黒田寛一　初期セレクション』上巻、こぶし書房、一九九九年刊、八六頁。——以下、本書からの引用は頁数のみを記す)

「しかも、ビキニ水爆実験は、だれが平和をこいねがい、誰が戦争を欲しているかを、すべての人々にまざまざと体感せしめた。それは、全国民的な反米感情と反米闘争に油をそそいだ。こうした政治的実践をとおして、大衆はさらに目覚めてゆくであろう——アメリカ帝国主義からの解放、日本民族の独立という政治的課題の実現なしには、自由も平和も、ほんとうにかちとることはできないことを。日本民族の危機は、実にアメリカ帝国主義による植民地化にあることを。」（八八頁）

これの＊の部分についての注記がある。

「＊（追記）安保条約とともに日米講和条約が締結され発効したという結節点についての社会科学的アプローチが、当時の私には欠損していた。この条約の締結・発効（一九五二年四月二十八日）によって、アメリカ軍に占領されてきた日本国が形式上＝国際法律上独立国となるとともに、実質上は日本の政治経済構造が、アメリカ権力者の世界支配戦略にのっとって、軍事的・政治的にも経済的にもアメリカ帝国主義の規制下におかれ従属させられた、という構造（本稿の八六頁では「植民地化」という用語は安易には使われていない）が捉えられていないことにもとづく。このゆえに「日本の植民地化」という表現が不可避になっているのである。また日本共産党の非合法パンフレット『球根栽培法』を友人からもらい眺めていたことにも関係するのであろう。」（八八〜八九頁）

この追記は、この本を出版するにあたって書かれたものと思われる。この追記における自己批判は、日本国が形式上独立国となったことの認識の欠如という、対象的分析に限定したものであって（この自己批判の内容は、日本の国家権力の規定がない、という問題があることや、「「植民地化」という用語は安易には使われていない」という・自己正当化をともなうものである、ということなどについてはたちいらないことにして）、この「新しい人間の探求」のすべての展開につらぬかれている日本民族主義のイデオロギーにかんしては、黒田はまったく自己批判していないのである。このことは、何をしめしているのか。黒田は、この追記で、自己批判を対象的分析の問題に限定することによって、自分自身のもっていた日本民族主義のイデオロギーおよび日本民族をおのれの実存的支柱とする心を温存することをはかったのだ、といわなければならない。このことは、この本が出版された一九九九年には、黒田は『実践と場所』全三巻において、日本人主義のイデオロギーを全面的に展開していたのであるからして、当然のことである、とは言える。ここで問題となるのは、黒田は、自分がもっていた日本民族主義のイデオロギーおよび日本人としての心を、いつの時点でも、どこにおいても、自己批判したことがない、ということである。このことは、動労（動力車労働組合）の闘いがはなばなしく展開されていた・そして松崎明と論議していた一九六〇年代および一九七〇年代においては、黒田は、自分が内面にもっていた民族主義的なものを心の奥にしまっており、前面には出していなかったにすぎない、ということを意味するのである。

なお、『球根栽培法』というのは偽装の表題であり、そこには、日本共産党の武装闘争方針が書かれてあったのであって、「『球根栽培法』を友人からもらい眺めていたことにも関係しているのであろう」などというのは、あまりにも他人事なのである。黒田は、自分がこのパンフレットをどのように読み、どのようにに自分のものとしたのか、どのようにうけいれたのか、それともうけいれなかったのか、ということを、何ら主体的に、みつめ、ふりかえり、省みてはいないのである。「にも関係しているのであろう」というような自分のふりかえり方はないのである。これは、黒田が同志たちにおこなっていた自己反省のせまり方とはまったく異なるのである。

三　外的なものへの危機意識

危機の現実に対決する主体のいない危機意識

このように考えてくるならば、この「新しい人間の探求」のすでに書かれた部分において黒田がテーマとして展開したものそのものが問題となる。すでに書かれた部分であるところのこの本に載っているものから民族主義的な展開を除いた部分は、『現代における平和と革命』に第一章としておさめられているのである。したがって、私がテーマと言ったところのものは、『現代における平和と革命』の第一章のテーマと言ってもよい。

ここでとりあげるのは次の展開である。

「一般に、危機の現実は直接には危機意識としてうつしだされるのだとしても、現実にはその度合い、その内容、その展開方向のそれぞれは、さまざまの階級的利害と立場によって根本的に規定されるのである。」（九五頁）

「ところで、危機の現実を、それぞれの階級的利害と立場に規定されつつ、あるものはどうしようもないものとして肯定的にうけとめるであろうし、また他のものはそれを変革されるべきものとして否定的につかみとるであろう。危機意識のこの二つの形態は、実感と体験によって主体的に形成された階級的人間個性や獲得され蓄積された世界観と理論に合致して、あるいは矛盾して、それぞれさらにさまざまの色合いと段階をもつ。ただたんに直接的な利害感情だけにたよるのではなく、おのれ自身の階級的立場をはっきり意識しているばあいと、そうでない場合とでは明らかに異なる。」（九五頁）

「こうして同じ現実の危機に根ざした危機意識であったとしても、ある場合には絶望の深淵へますますはまりこみ、また頽廃へといよいよ深くすべりおちていくであろう。他の場合には、危機の現実そのものにおいて、それを打開せんとする意志を形成する端初となり、抑圧するものへの人間的な反抗や、危機の原因や根源への分析的反省に媒介された組織的たたかいなどの主体的根拠を確立する出発点となるであろう。

いずれにしても危機意識は、危機にたつ現代世界に生きている人間の苦悩の最も端初的な形態であるといえよう。それは、危機的現代における人間の思索と行動のバネである。」（九六頁）

この三つの引用文の第一の文章の「危機の現実は直接には危機意識としてうつしだされるのだとしても」という展開をみよう。ここには、危機の現実を危機意識としてうつしだす主体がないのである。危機の現実に直面して危機意識をもつわれわれ・あるいは・この私がいないのである。ここでは、危機意識なるものが主体とされ、この主体が自己運動するものとされているのである。これは、危機意識なるものの自己展開論なのである。ここに言う危機意識は、ヘーゲル的理念の即自態のようになっているのである。すなわち、これは、プロレタリア的な階級意識がその直接性として措定されたようなものとなっているのである。つまり、体系的叙述の出発点として措定されているところのものは、プロレタリア的な階級意識に到達するところの直接性としての危機意識だ、ということである。

このような、危機の現実に対決するわれわれ・あるいは・この私のいない、危機意識なるものの自己展開の叙述は、唯物論ではない。

第二の文章も、ここで展開されているもののなかには、危機の現実を階級的利害と立場をもってうけとめるわれわれ・あるいは・この私がいない。階級的利害と立場なるものが先にあって、そこから「あるもの」と「他のもの」とがにょきにょきとでてくる、という叙述になっているのである。双頭の蛇とは逆に、蛇の一つの頭から二つの胴体がでてくる、という展開になっているのである。

第三の文章では、「あるもの」と「他のもの」という・人間が思いうかんでくるようなものさえもが出てこない。これらに代わって、「ある場合」と「他の場合」とがでてくるにすぎないのである。すなわち、危機意識なるものが、それをもつ主体がないままに、「ある場合」と「他の場合」との二つの形態をとる、というように論述されているということである。このように展開したうえで、「人間の苦悩の最も端初的な形態である」というように、人間がみちびきいれられるのである。このような論述は、危機意識なるものの解釈論である。

このような解釈論に堕しており、われわれ・あるいは・この私が危機の現実に対決し、というように主体的に展開されないことは、内容的にも大きな問題をはらむ。

「抑圧するものへの人間的な反抗」という一句をみよう。この展開のなかには、危機の現実に対決するこの私はいない。しかし実際にはこの私が危機の現実に対決するわけだから、この私が危機の現実に対決する、というように考えると、このことを「抑圧するものへの反抗」というように問題をたてるかぎり、私が反抗するところの抑圧するものは私の外側にある。私は、私を抑圧する・私にとっての外的なものに反抗するのである。こうであるかぎり、反抗する私はこの私を問うことはない。私はこれまでの私のままで、私を抑圧するものに反抗するのである。このようにする私には、自己存在の否定がないのである。

このような論述になるのは、黒田寛一は、この私は、というように主体的に問題をたてず、この私は何であるのか、ということを問うていないからである。実際には、この私は、労働者であるか、学生あるいは高校生であるか、である。もしかすると、黒田は、もっと根無し草の知識人を想定しているので、このような展開になるのかもしれない。がしかし、知識人を想定しているのかもしれない、という問題には、ここではたちいらないことにする。

労働者は、資本によって自分の労働という生き血を吸い取られているのであり、資本はこの労働の凝結物である。だから、労働者が資本を否定することは、自分自身を否定することである。それは、自分を抑圧する外的なものに反抗することではない。労働者が資本に反抗することは、資本が自分の労働を吸収して増殖するという・この賃労働と資本の関係そのものを廃絶することを意志することである。

学生あるいは高校生は、政府・文部科学省・学校当局によって、だから支配階級たるブルジョアジーによって、自分が、資本が自己増殖するのにふさわしい労働者としてつくりだされているのである。したがって、学生あるいは高校生は、自分が、支配階級によって資本が自己増殖するのにふさわしい労働者としてつくりだされているということそのものを廃絶することを意志しなければならないのである。これは、たんに、自分を抑圧してくる外的なものに反抗する、ということではないのである。これは、自己存在の否定なのである。

黒田がこういうことを明らかにしないのは、危機の現実に対決するこの私は何であるのか、を問うていないからである。これは、この私のいない、危機意識なるものの自己展開の世界を想定していることにもとづくのである。これは、実践的には、黒田が、危機の現実への自分の対決を、自分を抑圧してくる外的なものへの自分の外的な反抗によこすべりさせていることに規定されているのである。自分を抑圧してくる外的なものへの反抗は、これまでの自分のままでの反抗なのであり、自己を変革しないままでの反抗なのである。この私は何であるのかを問わない自分の反抗は、「人間的な反抗」というように、その人間はどういう人間であるのかを問わない、人間的なるものという性格をもった反抗とされてしまうことになるのである。人間的なるものという性格を想定するかぎり、この私は、自己の存在を問い、自己を変革する意欲とバネをわきたたせることはないのである。

近代的自我の確立という一段階の設定

危機の現実に対決するこの私のいない危機意識の世界を想定することは、人間変革に近代的自我の確立という踊り場を設定することとむすびついている。

黒田寛一は言う。

「われわれは、近代ヨーロッパにおいて形成されたような近代的自我の確立をば、現代の社会的課題の遂行において、同時になしとげられなければならぬ状況におかれているのだからである。」（一〇〇頁）

「近代ヨーロッパが近代ヨーロッパとして確立されたときに形成されたような、個人的自我意識の確立は、天皇制のもとにおける日本のエセ近代化のためにはばまれた。封建意識の表層が、わずかに近代化されたにすぎなかった。いやむしろ封建思想は美化された。そして美化された封建思想を近代ヨーロッパ的自我に癒着させる試みすらなされた。それは、天皇制ボナパルチズムとそのイデオロギーのエセ近代性にたいする煙幕としての役割をはたした。このゆえに一般に、日本人は個人意識がはなはだ薄いのであり、みずからの思想をはっきり意識せず、おのれの世界観を確立してはいない。ここに、いわゆる「絶対随順の倫理」がかたちづくられ、はびこった理由がある。まさにこれこそが、天皇制支配権力が民衆をひきこむことができた精神的基盤である。」（一〇一頁。――傍点は原文、以下同じ）

これを読めば、黒田が、近代的自我の確立をなしとげた近代ヨーロッパへの強いあこがれをもっていることがわかる。だが、このような心理に黒田がおちいるのは、彼が「一般に、日本人は個人意識がはなはだ薄い」というように、日本人一般の精神構造というように問題をたてていることにもとづくのである。支配階級に属する人びとも被支配階級に属する人びともいっしょくたにして、日本人というように問題をたてても仕方がない。このように問題をたてることそれ自体が誤謬なのである。このように問題をたてることそれ自体が、黒田が近代ヨーロッパへの羨望の意識につきうごかされていることにもとづくのである。黒田が、近代的自我の確立にこだわるのは、この私を出発点にして、この私は何であるのか、というように、自己存在を問う、と問題をたてていないことを根拠とするのである。この私を出発点にしていないことそれ自体が問題なのであり、誤謬なのである。われわれは、この私は何であるのか、と問い、この自己存在を否定すればいいからである。すなわち、この私は、この自己をこの自己たらしめているものをその根底からくつがえす、という意志を創造し・うちかためればいいからである。この私は、というように主体的に問題をたてるならば、近代的自我の確立というような中二階をわざわざ設定する必要は、まったくないのである。「近代的自我の確立をば、現代の社会的課題の遂行において、同時になしとげられなければならぬ状況におかれている」というようなことを、ただただ対象的に確認する必要は、まったくないのである。

このようなヨーロッパ的な近代的自我へのあこがれは、プロレタリアを「非人間的な生存」というように問題にすることと関係する。

「労働者の非人間的な生存」とは？

黒田は言う。

「資本主義経済のもとでの労働は、一般に、ただたんに労働者の肉体を苦しめ、彼らの精神を荒廃させるにすぎないものである。そして労働の生産物は、すべて資本家の手ににぎられる。いや、労働者はそもそも、おのれの労働力を商品として資本家に売りわたす以外には生きる道のない、非人間的な生存そのものなのである。まさしくこのゆえに、労働者は直接には階級意識さえもちえない状態にある。……と同時に他方、労働者のこのような非人間的な生存は、労働者の階級としての自覚と団結をうながす人間的基礎でもある。まさしくこのゆえに、革命的プロレタリアートとその前衛による意識的な働きかけが必要なのである。現代世界の危機を直観した労働者が平和をもとめ、民族独立のために、支配階級を打倒する力として結集されるのは、自然発生的には不可能なのである。敵階級はたえず戦争イデオロギーをまきちらし、虚偽意識をうえつけようと躍起になっているからである。ここに、革命的理論を労働者大衆の中へしみとおらせるためのイデオロギー闘争が、どうしても必要である理由がある。」(一〇五頁)

ここでは、黒田は、プロレタリアを「非人間的な生存」「人間的基礎」というように、「非人間的」「人間的」ということを基準にして問題にしているのである。資本の直接的生産過程における労働者の労働は、「ただたんに労働者の肉体を苦しめ、彼らの精神を荒廃させるにすぎないもの」というように、「非人間的」という観点から特徴づけられているにすぎない。資本は労働者の生きた労働を吸収して自己増殖するのであり、資本は労働者の労働の凝結物なのである、という展開はない。資本は労働そのものなのだ、という・労働者の自己存在を問う論述はないのである。展開されているところの、「労働の生産物は、すべて資本家の手ににぎられる」というのは、労働の結果として生産された生産物についてのことがらである。また、「おのれの労働力を商品として資本家に売りわたす」というのは、直接的生産過程の前提としての労働市場にかんすることがらである。

このような展開になってしまうのは、なぜなのか。それは、黒田は「現代世界の危機を直観した労働者」というように、労働者が直観するものを、労働者の外側にあるものとしての「現代世界の危機」として設定したからだ、といわなければならない。このようになるのは、現代世界に実存するこの私という、この私が、黒田の頭にはないからである。これは、危機意識なるものを原理とし、この危機意識の自己展開として、探求すべき「新しい人間」を描いていることにもとづくのである。このことに規定されて、たとえ労働者をとりあげたとしても、現代世界の危機の中にただよう人間の一つの種類としての労働者にされてしまうのである。

このことは、黒田が、プロレタリア革命を希求するのではなく、平和と民族独立を希求していることにもとづくのである。黒田の実存的支柱はここにある、といわなければならない。このことは、「現代世界の危機を直観した労働者が平和をもとめ、民族独立のために、支配階級を打倒する力として結集される」という展開にみてとることができる。たとえ「支配階級を打倒する力」と言ったとしても、それは「平和をもとめ、民族の独立のために」なのである。黒田にとっては、プロレタリア革命はもっと高い目標なのであり、それは、西ヨーロッパにおいてマルクスが希求したものを、近代的自我がまだ確立されていない日本、この日本の地に実存する自己にうつしいれたもの、という・イデー的理念的なものなのである。

黒田寛一のこのような内面は、ずっと、革マル派組織建設においても、生きていた、といわなければならない。黒田が、当面する戦術的課題を実現するための闘争＝組織戦術の解明を基軸とし、革命的フラクションの会議では、この闘争＝組織戦術の内容とこれを解明する方法についての論議を主たるものとして、プロレタリア世界革命を実現するための諸問題についての論議を彼岸化したことは、彼のこの内面に規定されている、と私は考えるのである。われわれは、黒田のこの内面に規定された組織建設を、この「新しい人間の探求」の論述もろともに、その根底からひっくりかえさなければならない。私は、こう思うのである。

二〇二四年一二月二八日

黒田寛一がマルクス主義と田辺元の絶対随順の哲学を融合させようとしたことがおかしいのである

松代秀樹

黒田寛一が「マルクス主義の土着化」を主張したのは、マルクス主義と西田幾多郎・田辺元の哲学とを合体させ融合させることにあった、といわなければならない。このことは、黒田の「舶来品としてのマルクス主義をほかならぬわれわれのものたらしめるためには、日本人の精神構造を場所的に省察しなおしたり、日本人がつくりだしてきた思想なかんずく哲学の伝統を批判的に継承したりという媒介がなければならない」(『呪縛からの解放』こぶし書房、一九七六年刊、一二九頁)、という言葉に端的にしめされる。ここに言う伝統の哲学とは、日本の哲学の最高峰と称される西田・田辺哲学をさすのである。黒田が最大の眼目としたのは、マルクスの実践的唯物論と、田辺元の哲学・すなわち・天皇制国家に体現される人類の永遠的なものの悠久の歴史から説きおこす哲学との融合である。それは、マルクスの・実践的唯物論と全自然史の哲学、この全自然史の哲学のほうを、田辺元の「死に於いて生きる」の哲学を唯物論化したものでもっておきかえようとしたことにある。

黒田のこの問題意識と目的意識がおかしいのである。黒田の出発点がくるっているのである。

黒田は、その融合の理論的作業を、梅本克己の哲学と梯明秀の哲学を批判的に摂取することをとおしておこなおうとしたのであった。それは、梅本克己の問題意識を生かして、物質の自己運動そのものの把握と人間の意識の発展の把握とを二重うつしにした梯明秀の理論的展開を唯物論的に改作することであった。

だが、梅本克己や梯明秀の哲学を継承することは、彼らの主体的態度をわがものとすることにあるのであって、彼らが西田や田辺の言葉でもって語った彼らの理論的展開の内容を改作して自分にとりいれることにあるのではない。

梅本克己と梯明秀を頂点とする戦後主体性論争は、これに参加した知識人たちが、自分たちの戦争責任を問う、すなわち日本の天皇制国家の侵略戦争をゆるした自分たちの責任を問う、この白分の主体性を問うものであった。梅本克己と梯明秀は、おのれの過去を捨て去ってマルクス主義にのりうつることを拒否し、自分自身の主体性を問うたのであった。だが、彼らは、おのれを問う哲学的思惟を、自分がこれまで学んできた田辺・西田的な頭のまわし方でおこなうことしかできなかった。まさにこのゆえに、この時点で戦後主体性論争に対決する者は、梅本と梯の主体的態度をわがものとし、彼らをのりこえて、田辺・西田哲学を・すなわち・若き労働者や農民やそして学徒を兵士として駆りだした天皇制の日本帝国主義国家の推奨哲学たる田辺・西田哲学を徹底的に批判することが問題だったのである。なぜなら、これらの若者たちに「天皇陛下万歳」を叫んで死ぬための精神的支柱をあたえるために、「天皇制国家にみずからの命を捧げて死に、日本民族の悠久の歴史に生きよ」と説いた田辺元の哲学、そして、みずからの死は「永遠の今」であるとした西田幾多郎の哲学、このような哲学を壊滅的に批判してこそ、この場所的現実を変革することを意志する者は、みずからをマルクス主義者たらしめることができるのだからである。だが、黒田寛一は、みずからのうちにうずいていた田辺元の「死に於いて生きる」の精神を、自己の内面に生かすことを意志し、この精神とマルクス主義とを融合させることをこころみつづけたのだ、といわなければならない。いろいろと検討してきた私は、今日、このように思うのである。

黒田寛一が、労働者たちや学生たちをプロレタリア世界革命を実現する主体へと変革する手前に、彼らを日本人としての情緒と情感とそして礼儀作法を身につけた人間にする、という一段階を設定したのは、田辺元からみずからがうけついだ精神を貫徹するためであった、と私は、いま思うのである。

考えてみれば、「マルクス主義の土着化」と言えば、この表現は成り立つけれども、「共産主義の土着化」というように語を置きかえれば、おかしげな話しである。共産主義ははじめから、世界のプロレタリアートの立場であり理論であり運動であるからである。

マルクス主義は、プロレタリアートの自己解放の理論である。マルクスの個々の理論展開の集積がマルクス主義であるのではない。われわれは、マルクスの理論展開をも、われわれはプロレタリアートの解放を実現するのだ、という立場にたって検討しなければならない。

黒田寛一は、プロレタリアの自覚の可能根拠を存在論的に明らかにする、ということを自己の課題としたのであったが、今日的に考えるならば、そのような理論的課題が新たにうかびあがってくることはない。プロレタリアの自覚の可能根拠の存在論的解明については、マルクスはこれを『資本論』として叙述したのである。この存在論的解明はすでに明らかにされているのである。黒田がプロレタリアの自覚の論理を解明するために批判的に継承したところの概念である梯明秀の「生産判断」は、マルクスが『資本論』で使った用語である「生産」とヘーゲルが『大論理学』『小論理学』で使った用語である「判断」とをただくっつけたものであって、直接的生産過程における労働者の労働とヘーゲル判断論とは関係がない、ということは黒田自身が言っていることなのである。

黒田が明らかにしたものの意義は、プロレタリアはどういう存在であるのか、ということを解明することとは区別して、プロレタリアがみずからをプロレタリアとして自覚する、ということを独自的に把握しなければならない、ということにあるのである。この自覚の可能根拠の存在論的解明というようなものが『資本論』と区別して成立することはないのである。

さらには、黒田が解明したものの意義は、前衛党が労働者を階級的に変革し組織する、ということは、他面から労働者の側から言えば、労働者がみずからをプロレタリアとして自覚し自己を階級として組織する、ということである、というように、前衛党と労働者との実体的対立を措定して明らかにしたことにある。

われわれは、こういうことを教訓としてつかみとり、継承することが大切なのである。

黒田寛一の『ヘーゲルとマルクス』は、マルクスにのっとった唯物論的実践論の展開のなかに、梯明秀が書いた文節をつっこんだものである。この文節をつっこむことによって、現実と人間の頭のなかとがダブったような変なものになっているのであって、つっこんだ文節を取り除くことが必要なのである。そうすると、マルクス的な実践論的な展開だけが残るのである。

人間の意識であれ、プロレタリアの意識であれ、意識の発展を存在論的に叙述しようとするならば、いくら唯物論的に展開しようとしても、ヘーゲルの『精神現象学』やフッサールの現象学やまた廣松渉の現象学的存在論に似たものとなってしまうのである。プロレタリアの自覚にかんしては、これの発展なるものを想定して存在論的に体系的に叙述することをこころみるのではなく、プロレタリアはみずからをプロレタリアとして自覚する、というように主体的に考えればよい、と私は思うのである。

黒田寛一の哲学的に主体的な営為は、彼がわれわれを指導し、彼とわれわれが組織として組織的に実践し、彼が、この実践に立脚して、われわれの実践そのものを主体的に解明する、ということそのものを明らかにしたことにある、と私は考えるのである。われわれが継承し深めるべきものは、これである。

二〇二五年一月二日

Ⅲ　プロレタリア党組織建設の飛躍的前進をかちとろう

向上心あふれ明るいわが組織建設の現段階

真弓海斗

一　わが組織の実体的および形態的強化のたたかいとその教訓

わが組織の実体的強化および形態的確立のためのたたかいとその教訓を書く。

われわれは、いま、それぞれが大きな成長をかちとってきており、組織として確立してきている、と私は思う。

そういえるのは、わが同志たちは自分の実践について振り返り、それをしゃべったり文章に書いたりしている、つまり反省ができるようになっていることと、組織を作っていきたいという目的を自分の中に作って活動してきているからだ。このことは、わが組織の実体的強化としての意義をもつ。

そして、われわれは組織会議を開き、成長してきたわれわれそれぞれが自分の実践を報告し論議してきた。その論議では相互に批判しあい、自己の強化と組織の強化のために果敢に内部思想闘争をやり、思想的組織的な同一性を創造してきた。このことは、わが組織の形態的強化としての意義をもつ。

われわれは、わが組織の実体的強化をかちとりえたこととして、次のことを確認しなければならない。それは、わが同志が意識的に自己の意識を二重化して考えるようになりつつあることである。

わが同志は、組合執行部が提起した運動方針案に対して、「これは会社の合理化攻撃に組合が協力するものだ」と批判した。その運動方針案では「会社は、経営計画を明らかにしてきています。組合員の皆さんが計画達成をめざして働き、職場を守る必要があります」と書かれていたからである。これに対してわが同志は「会社がやろうとしていることは、われわれ労働者にとっては、合理化攻撃であり、もっとこき使われるということではないか。経営計画達成という名の経営側による搾取をゆるしてはならない。この合理化を阻止しなければならない」と批判したのである。これに対して私は、「わが同志の指摘はそのとおりだ。しかし、われわれが、われわれの観点から方針案の内容を批判することと、われわれが組合員として、組合の大会で発言することとは区別しなければならない。組合の大会では、労働組合としての団結を強めることを目的にした発言をするのがよい」、と論議した。この論議にふまえてわが同志は、「執行部の方針には賛成の立場で私の意見を述べます。組合員全員の大幅な賃上げをかちとるために、組合の団結を強化していく活動をしていきたいと思います」、と発言して、全員の圧倒的な拍手をかちとった。

わが同志が組合執行部の提起した運動方針案を批判した実践を、わが同志の一つ目の実践とし、わが同志が組合の大会で発言した実践を、わが同志の二つ目の実践と呼ぼう。

わが同志が組合執行部が提起した運動方針案を批判した一つ目の実践は、われわれ党員が党員として活動したということ、すなわち独自活動を展開したということだ、と思う。わが同志がこのように、組合執行部の提起した運動方針を批判できたのは、組織会議などにおいて、われわれは思想闘争をおこない、既存の労働組合指導部の御用学者らのイデオロギーへの批判をやってきたからだと思う。

　これにたいして、わが同志が組合の大会で、労働組合の団結を強化するという内容の発言をした二つ目の実践は、われわれ党員が、同時に党員である組合員として活動したということ、すなわち独特な組合活動を展開したということである、と言える。

　このようにわが同志は、われわれ党員が党員として活動することと、われわれ党員が、同時に党員である組合員として活動することとを分化し、自己を二重化した、といえるのである。

　さらに、わが同志は組合員と個別に話しし、そのメンバーを左翼フラクションに組織した。この実践を、わが同志の三つ目の実践と呼ぼう。これは、わが同志は、同時に組合員である党員として活動したということ、すなわちフラクション活動を展開したということだ。わが同志は、左翼フラクションに若いメンバーをオルグりたいとの思いを強く持っている。そういう意志を持ってわが同志は青年部のとりくみに参加した。そこにおいて普段は顔をあわせない他の職種部門の組合員の一人と初めて会話をしている中で、この組合員の反応がよいと感じた、とのこと。そしてわが同志は「この人を左翼フラクションにオルグろう」と意志し、いろいろと話していって、このメンバーを左翼フラクションに組織した。

　この青年部のとりくみのなかで、わが同志は、組合役員とも話しをした。これが、わが同志の四つ目の実践だ。このときには、わが同志は、一人の組合員として、日々の仕事の状況について、この組合役員と話しをした。ここは、わが同志は、同時に党員である組合員として活動した、すなわち独特な組合活動を展開したのだ、といえる。ここで、わが同志は、自分が、同時に組合員である党員として活動することと、自分が、同時に党員である組合員として活動することとを分化した、すなわち自己を二重化した、といえる。このことは決定的な意義がある。けれども、同時に、この組合役員との論議は限界をはらんでいるといわなければならない。私は当初、わが同志からこの組合役員とのやりとりの報告を聞いたときに、わが同志のとった対応でよかった、という論議をわが同志とやった。しかしこれがよくなかった、と先輩同志との論議で掴んだ。私は、わが同志などの若いメンバーを守ろう、というような思いがあって、若いメンバーが話をした相手から批判的な目で見られないように・状況が不利にならないように、考えが対立するような相手と若いメンバーは深く論議しないほうが良い、また、若いメンバー自身がそう判断できたことは良い、と考えていたと思う。だから、わが同志がその組合役員に対して仕事上のごく普通の会話をやったことを、私は、わが同志が自己の意識を二重化しておこなった実践だ、と思った。しかし、わが同志は、組合役員であるそのメンバーをも強化するために、もっと踏みこんで変革的に関わるべきであった、と私は反省した。

右記のわが同志の四つの実践を、われわれが自己の意識を二重化し三重化するという問題として振り返る論議を、われわれは組織的に積み重ね、掴み取ってきた。①われわれ党員が党員として活動すること＝独自活動、②われわれ党員が、同時に組合員である党員として活動すること＝フラクション活動、③われわれ党員が、同時に党員である組合員として活動すること＝独自な職場闘争・組合活動、という構造をわれわれが掴むことを基礎にして、つまり自己の意識を二重化し三重化する能力をわれわれが体得することを基礎にして、われわれは、プロレタリア党組織とその成員としての思索を独自にぐっと深め・実践していくことができるのだ。（わが同志の一つ目の実践は、①の活動、三つ目の実践は、②の活動、二つ目の実践と四つ目の実践は、③の活動、といえる）こういうことを先輩同志との論議で私は初めて掴んだ。

二　ＩＣＴ・ＡＩの導入に反対するための論議を深めよう

われわれの組織内部での思想闘争を、よりいっそう深くほりさげて展開していくために、私は次の文章を書いて提起し論議した。これは、別のわが同志が働いている職場の労働過程にＩＣＴ（情報通信技術）およびＡＩ（人工知能）技術が導入されるという問題である。

わが同志の職場におけるＩＣＴ・ＡＩ導入に反対しよう！

わが同志の職場に、新入社員がスタッフ・事務部門の一員として入ってきた。彼は、他の企業からこの会社に引っこ抜かれたようだった。技術職としての採用だ。会社当局はこの労働者のことを重用していると思われる。

わが同志によると、この労働者はパソコンが得意らしい。会社当局は、情報システムに長けている・高度な技能を有した労働者を欲していたのだろう。この会社の資本家は、自社のあらゆる部署や職種にＩＣＴを導入し、会社全体でＤＸ（デジタル・トランスフォーメーション）化を推し進めようとしているのだろう。

この会社を支配下におく親会社においてはＩＣＴ導入をすでに数年前から進めているようだ。そこでは製造部門での労働の指示にＩＣＴを使っている。機械の自動操作技術の実験に関しては、業界団体のホームページでもこの親会社の取り組みが紹介されている。政府・財界の後押しも受けながら親会社の資本家は、この産業においてよりいっそう利潤率を高め・自分たちの資本を増やすためには自動操作技術が必要であると考え、ＩＣＴ導入を積極的に進めている。また製造部門の労働者の能力と仕事の遂行度合いを調べるためにもＩＣＴの導入を実施しているのであるが、それは、よりいっそう製造部門の労働者を搾取するためである。従来のように管理者が個々の労働者の仕事ぶりを目視し紙ベースでの報告書を社内で共有していたのでは、製造部門の労働者への指導・教育を迅速にできず、資本家の思い通りに動く労働者を作り上げる妨げになる、と資本家は観念している。ＩＣＴ導入によってより速く資本家が現場の労働者を監視・管理し、そうやって資本家の目的を迅速に労働者に植え込もうとしているのだ。さらに、紙ベースの報告書などを社内で共有するために必要としていた事務作業を削る、つまりスタッフ・事務部門の労働者の労働を削り事務職労働者を減らすことも、資本家は資本を増やすために必要だとしているのだ。

この会社の資本家は、親会社でやっているＩＣＴ導入、ＤＸ化を自社においても早急に実現するために、情報システムに長けている労働者を雇い入れたのだろう（おそらく、この会社のようなホールディングス傘下の各会社当局は、ＩＣＴの導入とＤＸ化による資本の増殖＝労働者をさらに搾取することをホールディングスの資本家から求められ、それを推し進めることを己の使命としているのだろう）。この会社の資本家は、情報システムに長けた労働者を新たに雇い入れ重用するだけではなく、これまでこの職場で働いてきた労働者たち・わが同志や左翼フラクションのメンバーなどに対しても、容赦なく情報システムの技術を身につけるように迫ってくるに違いない。それは、「会社としてあなたはやればできると思っているよ」「会社としてあなたのことを期待しているよ」とほめそやしたり、はたまた支配階級の側の学者が言うように「雇われ続ける力を労働者はつねに持つべき」「そのためにスキルアップなどの自己研鑽は必要だ」というようなイデオロギーを資本家は流したりしながら、スタッフ・事務部門の労働者が自ら進んで長時間労働、サービス残業をするようにしむけてくるのだ。

この会社におけるＩＣＴ導入・ＤＸ化では、資本家はどのような労働強化をしてくるのかを推測して考えてみる。とにもかくにも資本家がＤＸ化を推し進めるのは自分たちの資本を増やすためである。つまり今以上に労働者を搾取するためである。この産業においては、労働者一人あたりが生産する生産物の量を増やすことを資本家は追求する。そのためには、例えば顧客がそれぞれの種類の生産物を欲する状況、客層とその好みの変化、それぞれの種類の生産物の単価、必要な諸材料の品質と価格の変化、生産諸条件に影響をおよぼす気象の状況、それぞれの生産工程あたりの経費、製造部門の労働者の労働配置と勤務時間帯の編成、長時間労働や労働強度の強化が個々の労働者の肉体と精神と神経にあたえる影響とそのぎりぎりの限度などのあらゆるデータをＩＣＴで繋ぎ、より利潤率を高めるためにＡＩを使い、収益性の高い種類の生産物の特定とそれを生産する工程への再編や労働組織の編成と勤務表の作成などを追求するだろう。これらのもろもろの数値の調査や、労働組織の編成・勤務表の作成などの作業は、今は――パソコンを使い・部分的にはオンラインでつないでいるとはいえ――スタッフ・事務部門の労働者がそれぞれ担当してやっていることだ。資本家は、このような諸作業を遂行するのを、労働者からＡＩに早急に置き換え、これらの労働者を減らして・コストをカットすること、すなわち、さらによりいっそう資本を増殖することをもくろんでいる、と私は推論する。資本家は、スタッフ・事務作業の労働者を雇うよりも、この部門を含めた会社全体をＤＸ化したほうが、コストを抑えることができ、自分たちの資本をよりいっそう増やせると観念しているのだ。

このように、スタッフ・事務労働をＡＩに置き換えたほうが利潤率が高まる、と観念している資本家は、そうであるがゆえに今からスタッフ・事務部門の人員を増やす気など毛頭ない。ただでさえ今のようにこの部門に労働者を配置していることをコスト的に無駄だ、と感じている資本家が、この部門の個々の労働者の仕事量を減らすために人員を増やすことはないのだ。

むしろ逆に、このコスト的な無駄をなくしたいと観念する資本家は、スタッフ・事務作業の労働者に対して大きなノルマを課し、労働者を強搾取するというかたちで、自分たちが無駄とか損とかと感じているところを穴埋めし、さらに自分たちの資本をもっと増殖したくて仕方がないのだ。わが同志が、連日にわたる残業と土曜日の無給休日出勤をやらされている根拠は、まさにこういうことだと私は思う。わが同志は、資本家の資本を増殖するために、これだけ多くの労働を資本家に担わされているのだ。わが同志が、これらの労働をすることによって資本家の資本を増やしているのだ。

また、会社のＤＸ化に対応した技能を身につけられなかったスタッフ・事務部門の労働者やＤＸ化にもとづく人員削減をつうじて余剰とされた事務職労働者は、これまでやっていた労働とは全く違った職種の労働を担わされたり、今までの労働内容よりも低次の労働現場に配転され賃金をカットされる、すなわち下層労働者に突き落とされたり、または退職に追い込まれたりすることは明らかだ。何か月か前に、わが同志が言っていたと思うが、会社当局がスタッフ・事務作業の労働者に製造部門の労働のための資格を取得させようとしていたことがあった。これは、資本家が、スタッフ・事務部門のなかの下級職をなす事務作業の労働者を今後どのようにして搾取するのか、いくつかパターンを考えていることにもとづくと思う。資本家の要求通りに事務作業労働者が情報デジタルの技能を取得したならば、資本家は、その労働者を情報デジタル担当事務職として新たな労働を課し、かつ革新しつづける情報デジタル分野の技能を常に習得し続けるよう「自己研鑽」を迫りながら搾取するつもりだろう。また、資本家の求める情報デジタルの技能を身につけられなかった事務職労働者には、DX化後も残る事務作業を担わせつつ、かつ製造部門の労働もさせる、つまり複数種類の労働を担わるつもりでいるのだ。こうやって労働者を多能工化し、その労働者の労働の密度を濃くし、資本家は事務職労働者を搾取するのだ。こうすれば資本家は、新たな人を雇うことなく少ない人数で複数の労働を実現することができ、資本を増殖することができるのだ。こういった資本家の求める労働者になれなかった事務職労働者は、今やっている仕事よりもよりいっそう簡単な労働を低賃金で強制され、退職に追い込まれるのだ。この間、会社当局が、事務職労働者に、もろもろの免許をとることや工程管理資格試験を受けることを強制したことなどは、先に述べたような資本家の、今後いかに労働者を搾取するのか、どうやって資本の増殖をより進めるのか、という思惑にもとづくものだと思う。新たな技能を身につけよ、と資本家が言ってきたときに、われわれは、資本家が労働者をどのように搾取しようとしているのか、というように分析し・みんなに明らかにしなければならない。

AI導入反対!

資本家が目指すDX化・AI導入による労働強化・労働者同士の分断に反対し、われわれはまわりの労働者と団結をつくりだそう!

以上のように、私は、わが同志の会社の資本家が賃金労働者をいかに搾取しようとしているのか、ということを考えた。われわれは、職場で問題に直面したとき、右記のように考えていくべきだと私は思う。わが同志をはじめ・わが組織のメンバーのみんなはどう考えただろうか。

〜〜〜

私は、この文章を、単に、わが同志の職場におけるＤＸ化についての分析を深めるために書いたわけではない。わが組織の同志たちや左翼フラクションのメンバーたちをマルクス主義者・共産主義に引き上げ・鍛えあげるために私は書いた。それぞれのメンバーが、職場で問題に直面した時に、それにどう立ち向かうのか、どう考えていくのかを体得することをうながすために書いた。周りの労働者を変革し、彼らのうちに賃金労働者としての自覚をつくりだすために、われわれはどう考え・どう労働者と論議するのか、ということを明らかにするために書いた。そういったことを意識して私はこの文章を書いたのだ。

三　わが同志は仲間を変革するために自分をふりかえって文章を書き提起した

「自分は国民である」とか「国民のために」とかというように「国民」という意識が強い左翼フラクションの一メンバーを変革するために、わが同志は、次の文章を書いて提起した。

反戦平和に対しての自分の振り返り

菅田熊蔵

私はかつて右翼系の思想を持っていた。

父親が戦車や戦闘機の本を持っていたこともあり、いわゆるミリタリーマニアになった。戦車・戦闘機・護衛艦・銃などが好きで、日進月歩で技術は進歩しどんな仕組みなのかを調べたり、洗練されたデザインの兵器が出てくると、かっこいい！と感じていた。戦術や戦略、指揮官になったつもりで戦うシミュレーションゲームも見ていた。

将来について悩んでいた時、陸上自衛隊に入ることも考えていた。国民、財産及び領土を守る防人になるというキャッチコピーについて、私はかっこいい！と感じた。ちっぽけな自分が、国という大きな存在・または一億二千万人いる日本国民を守る一員になれると憧れを持っていた。

そして、中国や北朝鮮は脅威で、日本を脅かす存在であり許されない！とメディアの盛んな報道もあり、他国への怒りとその国に住む人へもヘイトを向けていた。例えば中国人が日本に来てこんな悪さや法律違反をしている！という報道を見ると、中国へ帰れ！という感情を持った。

逆にアメリカに対しては同盟国であり、先の戦争では負けたが今では核の傘で日本を守ってくれているパートナーという意見を持っていた。

しかしながら、労働運動と出会い、その考えを自己否定し、反戦平和運動に取り組みたいと思った。なぜなら、私は労働者という階級的自覚を得たからだ。資本家の利益・利害によって起こされた戦争において、前線で武器を持たされ殺し合いをさせられるのは労働者だ！　それは相手国も同じであり、同じ労働者同士で戦わされるのだ！　これに対して資本家は、安全が確保された後方で指揮し労働者を駒のように扱う。このようなことがあってはならない！と怒りを覚えたからだ。

　企業・国家権力による資本家（ブルジョアジー）の利益や利害で紛争・戦争が引き起こされる現状を打破しなければならない！世界中の労働者で団結し、資本家を打倒し、労働者による労働者のための国家を作らねばならない！と考える。

　また、国民イデオロギーについても騙されてはいけないと知った。国民という言葉には資本家と労働者が混在する。前述の「国民、財産及び領土を守る防人になる」は、日本国を守るという資本家側のイデオロギーであり、労働者が武器を持って資本家を守るという現実を上手く覆い隠している（訓練等によって資本家の指揮で動くよう強制される）。

　同じく例として挙げた中国人に対するヘイトも、国家や資本家によって植え付けられたものである。メディア等によって不安を煽ったり悪評を広めることによって、戦争しても良いという雰囲気を作らせてはならない。

　国単位・会社単位で労働者同士を対立させ、集団を細かくしていくことによって、資本家は労働者を管理しやすくし、思いのままに扱おうとするのである。

　現在進行形で行われているウクライナ戦争で、女性・子供でも酷い目にあわされる現状に対しても怒りを覚えた。家庭をもったことにより、もしも嫁さんが性暴力にあうことを想像すると、絶対に戦争は起きてはならないと思う。

ミリタリーマニアという趣味を捨てた訳ではないが、以前よりも見方が変わっている。戦闘機を去年初めて撮りに行ったとき、腹の底から響く大音響は畏敬の念すら覚えた。しかしながら〝物〟として好きなのであって、本来の戦争の道具として使われる事は絶対にあってはならないと声をあげたい。

四　この論議の教訓をうちかため、わが組織そのものの強化をかちとろう

この左翼フラクションの会議では、よい論議ができたと思う。それは、同志菅田の文章がよかったからだと思う。

この会議の前々日の夜に、私は同志菅田と、会議の方向性について論議した。同志菅田は、反戦平和について話しをするのはどうかと考えている、とのことだった。私は、同志菅田が、戦争を阻止するためにプロレタリアートの国際的団結を、という話しをしたいと考えているのかと思い、なぜ反戦平和の話をしたいのか、と聞いた。同志菅田は、自分が労組に出会って反戦平和について考えが変わったことを振返って文章を書いてそれを話したい、と言った。私は、そういうことか、と思い、それを左翼フラクションの会議で論議したほうがよいと考えて、そうすることにした。その論議の中で私は、国民イデオロギーを批判すべきことなどを話した。同志菅田がとくに変革したい、と考えているメンバーは、前回の会議で「国民のために……」ということを言っていたので、ここのひっくり返しをしよう、と同志菅田と論議した。

これをしないと国防イデオロギーを粉砕することもできないと話した。同志菅田は、確かにそうですね、と返答した。同志菅田は、この打ちあわせの後に一晩で「反戦平和に対しての自分の振り返り」を書いた。論議の時に私が感じたことは、自分が文章を書いて会議で提起したい、という同志菅田の意欲だ。会議では、職場の現状などの話をしたのち、同志菅田が文章を提起した。全文を読みあげた。当該のメンバーとまた別のメンバーも感想を言った。

当該のメンバーは、自分はこの文章のように考えたことがなかった、と言った。国民イデオロギーに関するあたりや国防イデオロギーについて、私は同志菅田の文章を指しながら、こういう点はどう思うのか、と具体的に聞いた。彼は、書いてあることはそうだなと思うけど、と言ってまだ悩んでいるようだった。彼は思想的にいま自分の中で格闘しているのでは、と私は感じた。

別のメンバーとは、選挙の話にもなった。「自民党を増やさないためにも選挙に行くべき」と言っていた。私は、国会はブルジョア議会であることや、一票を書くことで労働者の力を抑え込まれることなどを話した。彼は、「選挙に行きなさい、と言われると思っていたのに全く逆のことを言われてびっくりした」とのことだった。この論議で選挙についての彼の考えをひっくり返したと思う。

同志菅田は、文章を提起した後に彼らに、読んでどう思ったか、と直接的に質問した。こういう論議はよいな、と私は思った。以前の私なら、こういう論議の作り方ができなかったからだ。この時に私が意識したのは、以前の自分ならマルクス主義の言葉や考えをはっきりと出しながら論議することができなかったことを反省し、論議している相手にマルクス主義の言葉や考えをつかませるためにズバッと論議するということだ。同志菅田が相手を変革しようとして書いた文章をもとに、このような論議をするということだ。彼らのこれまで持っていた自分の考えをこの論議で否定し、彼らに賃金労働者の立場にたって考えるという新たなものを少しずつだがつかませることができたのがよかったと思う。こういう論議を左翼フラクションの会議でやらなければ、そのメンバーの変革をかちとることもできないし、そもそも彼らの会議への参加の意欲をつくることもできないと思う。

私自身、同志菅田が相手をオルグるためにズバッと書いた文章を読んだとき、よし！自分もこういう感じでオルグを頑張るぞ！左翼フラクションのメンバーを変革するために大胆に論議しよう！過去の自分にはできなかった内容の論議をこの会議でできるようになろう！と意志した。同志菅田の文章を読み、私はこのように新たに決意したのだ。そしてこの論議で私は、マルクス主義の言葉や考えを明確にさせながら突っ込んだ論議ができた。相手のメンバーはこういう論議の内容に対して真面目に考えていた。マルクス主義だ、ということで拒否感を示すなどなかったのだ。こちらが自信をもって論議すれば相手の左翼フラクション・メンバーたる労働者はしっかりと受けとめて考えてくれるのだ。私は今回の会議で、こういうこともつかんだのだ。

われわれは、組織的に論議したり、仲間の同志といっしょに実践したりして、お互いを強化していく。そのためには、この私が、どんな問題をどう考えたのか、相手の文章を読んで何を考えたのか、ということを少しでもよいので出す必要がある。私もこのことを意識してわれわれの組織会議で自分の考えを出すようにしている。この左翼フラクションの担当ではなく・この会議には参加していないわが同志たちも、どんどん自分の考えを表明したほうが良いと思う。

資本家に搾取されている賃金労働者なのだ、という自覚を労働者たちにうながし、彼らを、プロレタリア革命を実現する主体へと変革していくために、われわれは、わが組織そのものの強化を勝ちとろう。

二〇二五年二月二二日

プロレタリア世界革命のためのわがプロレタリア党組織建設

松代秀樹

一　職場に党細胞を創造するために

〔1〕労働組合や組合のない職場の労働者たち全員を資本にたいする戦闘部隊として組織しなければならない

イメージ的に言うならば、次のように言えよう。

われわれは、日常的に職場闘争を展開し、職場のみんなに働きかけ、労働組合と組合員たち全員・あるいは・組合のない職場の労働者たち全員を、政府および企業経営陣・管理者にたいする戦闘部隊として組織していかなければならない。

労働組合・組合員たち・職場の労働者たちをこのように組織する組織者の組織的結集体が、左翼フラクションである。

われわれは、組合員たち・労働者たちに、他の組合員たち・労働者たちを変革し組織する意欲をわきたたせ、そのような意欲とバネをもった組合員たち・労働者たちを結集して左翼フラクションを創造しなければならない。われわれは、左翼フラクションの会議において、この組織とそのメンバーたちそれぞれが他の組合員たち・労働者たちを変革し組織するために遂行した実践をめぐって論議し、彼らを共産主義者＝党員へとたかめていかなければならない。

二〇二四年六月一三日

〈2〉 左翼フラクションのメンバーへのマルクス主義理論の教育について

左翼フラクションのメンバーたちにたいしてマルクス主義の理論を教育するということにかんしては、われわれは、学習会というかたちでやるのではなく、マルクスなどの本を課題として与え、自分で読ませるようにするのがよい、と私は考える。

本を読み合わせて学習する、というようにやると、われわれは、どうしても、本の展開を説明する、というようになるわけである。私には、これがよいようには思えないのである。われわれは、本の説明者になってしまうからである。また、本を読み合わせて学習する、という形態では、ペースが遅すぎて、おっつかない、ということがあるわけである。

自分が左翼フラクションのメンバーたちと向き合ったときには、自分を語るのがよい。自分は、プロレタリアートの解放をこのようにして実現すべきだ、と考えているのだ、というように、である。自分が考え構想している革命理論の内容を自分が書いて、このレポートを読みあげ、「私はこう考えているのだが、これについて疑問や意見はどうか」というように提起して論議するのがいい、と私は思うのである。

マルクスの本については「これを読みなさい」とやるのがいい、と私は思う。このときに、「われわれは、このマルクスの展開とこれにつらぬかれている彼の精神をわがものとし、自分自身がおのれのものとしたものを、二一世紀現代に貫徹するのだ」、というように、われわれはこのマルクスにどのように対決するのか、ということをわれわれはしゃべらなければならない。これが重要である。こういう論議をやって、われわれは、彼らに、おのれがマルクス主義を主体化する立場を確立することをうながすことが必要なのである。

最初にこういうことをしゃべるとしても、彼らが少し読みすすんだ時点で、こういうことについて論議するのがいい、ともいえる。マルクスが展開している内容を明らかにしつつ、この内容との関係において、このようなマルクス主義を二一世紀現代世界にどのようにして貫徹すべきなのか、というように論議することができるからである。すなわち、内容をもからみあわせながら論議したほうが、彼らが自分の頭に入れやすい、と言えるからである。

レーニンの本の学習にかんしてもまた、そうである。

二〇二四年六月一三日

〔3〕左翼フラクションのメンバーたちを変革するために居ても立ってもいられない！

左翼フラクションのメンバーたちを変革しうるか否かは、われわれが彼らを変革するための問題意識と意欲とパトスをわきあがらせ、変革のイデオロギー闘争をどれだけどのように展開しうるのか、ということにかかっている、という気がしてきた。左翼フラクションの会議でその構成員が問題性のある発言をしたときに、われわれは、その場で、それをひっくりかえすことを意志し、ひっくりかえすイデオロギー闘争を内容的に展開しうるのかどうか、ということである。そしてまた、そのあとで、次の会議にむけて、それをひっくりかえす内容を文章として書こうという意欲がむらむらとわきおこってくるのかどうか、ということである。

さらにはまた、われわれは、職場や組合で否定的な傾向をしめす労働者ないし労働者たちのその問題性をひっくりかえすための内容を書きたくてたまらなくなり、文章として展開し、それを左翼フラクションの会議で提起して論議する、というようにならなければならない、と私は思うのである。

われわれは、左翼フラクションのメンバーたち、そして左翼フラクションのメンバーにすべきメンバーたちを変革したくて変革したくてたまらない、とならなければならない。彼らを変革するために彼らに何か言いたくて居ても立ってもいられない、とならなければならない。では、どのようにして自分がそうなるのか。これはなかなかむずかしい。やはり、自分を訓練することをつみかさねる以外にない、と私は思う。

職場や組合において否定的な傾向をしめす労働者たちや組合役員たちを変革したくて変革したくてたまらなくならなければならない、ということについても同じである。彼らを変革するための内容を文章として書くときには、左翼フラクションの内部文書として書き、左翼フラクションの会議で論議することが必要である。否定的な傾向をしめす労働者たちや組合役員たちを実際に変革するためには、われわれは彼らと面と向かって口頭で論議しなければならない。

二〇二四年六月二八日

〔4〕このメンバーをどうひっくりかえすのかを論理的に考える

左翼フラクションのメンバーであれ、職場あるいは組合の・否定的傾向をもつメンバーであれ、彼は生きた人間であり、われわれはこの人間を変革しなければならない。したがって、われわれは、当該のメンバーをどのように変革するのかということにかんしては、あらたに解明しなければならない。

われわれは、左翼フラクションのメンバーの実践ないし発言の問題性を彼に突破させるための文章を書くとしよう。あるいは、職場あるいは組合の・否定的傾向をもつメンバーを変革するためにそのメンバーにどのように批判するのかということを明らかにする文章を左翼フラクションの内部文書として書くとしよう。

われわれは、そのメンバーが自分の頭をまわすことができるように、彼の問題性を、現実（彼の実践や行動やまた発言という現実）を出発点にして下向的に論理的に明らかにしほりさげて書いていかなければならない。

一般化して言うばあいには、これぐらいのことしか言えない。これぐらいのことを言うだけでも何らかの役にたつことを、私は願う。

左翼フラクションの内部文書としてではなく、組合の文書として書くばあいには、われわれは組合員全員の意識をたかめるように書かなければならない。組合のない職場で、職場の労働者たちに手渡していく文書として書くばあいには、われわれは職場の労働者全員の意識をたかめるように書かなければならない。これは、自分自身の論理的力が問われる。

もちろん、左翼フラクションの内部文書を書くためには、われわれは、自分自身の論埋的力、自分の頭を下向的にまわす能力を創造し高めなければならない。そのように、自己を訓練しなければならない。

二〇二四年六月二九日

〔5〕 われわれは人間を変革するために自分の全力を出し切ってイデオロギー闘争を展開するのである

労働組合の全員であれ、職場のみんなであれ、左翼フラクションのメンバーたちであれ、自分が創造した何らかのグループのメンバーたちであれ、われわれは彼らを、その人間を変革するために、自己がもっている能力のすべてを出し切ってイデオロギー闘争を展開するのである。

この人たちはこの程度の意識をもった人たちだから、この程度の意識へとたかめていくために、自分のこの程度の能力を発揮して、彼らとこの程度の水準の論議をしたり、この程度の内容のビラや文書をだしたりする、ということではないのである。この人たちはこういう誤った考えをもっているからその考えを批判してそれへの否定的自覚をつくりだすとか、この人たちはこういうことに幻想をもっているからその幻想を断つとかということではないのである。その人は、自分の考えが否定されたとしても、それ以上は自力では考えることはできない。その人は、自分の抱いているものが幻想だと打ち砕かれたとしても、自力では、そのあと、どう考えたらいいのかはわからない。われわれは、彼らのその問題性をどのように突破すべきなのかということを、彼らの頭をまわすように積極的に論理的に内容的に展開しなければならないのである。

われわれは彼らを、共産主義的意識をもった人間へと変革しなければならない。彼らを、共産主義的意識をもった人間へと全面的に変革するためには、彼らのうちに、いま何をつくりだし、そしてそれを彼らの内的土台として次に何をつくりだしていくのか、というように、われわれは考え構想しなければならない。こういうことを構想し実践するためには、われわれは自分がもっている力のその全力を発揮しなければならないのである。

したがってまた、われわれは、すでに存在している本や資料を使って、彼らと論議するのではない。マルクスの本やわれわれの本は貸したり買ってもらったりして、彼らに自分で読んでもらえばよい。資料もまた渡して読んでもらえばよい。

われわれは彼らを変革するために、自分が文章を書かなければならない。それを読みあげて彼らと論議するのである。彼らが何度も読み返して考えることができるように、われわれは、彼らを変革する内容を文章として書かなければならない。こういう文章を書くためには、われわれは自分のあらゆる能力を全面的に出し切らなければならない。

二〇二四年六月三〇日

〔6〕 職場で生起した問題を生き生きと下向的にほりさげなければならない

職場や組合で労働者と話ししたり文章を書いたりするときに、われわれは、「労働者は搾取されている」、「労働者の団結をかちとらなければならない」、ということへもっていかなければならないとか、こういうことを入れなければならないとか、と考えがちである。しかし、これでは、もっていくべき答え・あるいは・入れるべき答えを自分があらかじめ持っていて、これに到達する・あるいは・これを入れる、というように考えている、ということなのである。これでは、こういう話や文章は生き生きとしていず、おもしろくないのである。

われわれは、あくまでも、うみだされた事態を下向的に分析し、何が問題なのかということをえぐりだし、ほりさげていくのである。このときに、われわれは、職場や組合の労働者たちを階級的に変革していくためには、何をどういうように明らかにすべきなのか、という問題意識と価値意識を働かせるのである。これによって、自分が下向的に考えていく下向の方向が決定されるのである。このようにして、われわれは自分が出発点としての現実から下向していく下向の方向を意識すればいいのであって、あらかじめ答えを用意して、この答えに到達するためにはどういう順番で考えていけばいいか、というように頭をまわすのではないのである。

いま挙げたように、あらかじめ答えを用意して、この答えに到達するためには、というほどまでに筋道立てて考える、というのではないばあいでも、「労働者は搾取されている」、「労働者の団結をかちとらなければならない」、ということへもっていかなければならない、というように考えがちなのである。

そうではなく、われわれは、うみだされた事態を下向的に分析しほりさげていく、というように自分の頭を生き生きとまわすべきだ、と私は思うのである。

二〇二四年七月二七日

〈7〉みんなでやる闘いと大胆で下向的なイデオロギー闘争を

われわれは、左翼フラクションあるいはグループを実体的基礎とし柔軟な方針をもとにして組合員全員の参加する・あるいは・職場のみんなでとりくむ闘いや運動を展開する、と同時に・またそのためにも、代表の場面で・そして左翼フラクションやグループのなかで・下向的にゴシゴシほりさげるイデオロギー闘争を大胆にくりひろげなければならない。

二〇二四年七月二九日

〔8〕どのようにして他者に相対する自分を強くするのか

われわれは、職場の労働者たちの団結を創造していくためには、職場の諸課題をめぐって労働者たちそれぞれと自分自身が討論し、その人を変革していかなければならない。しかし、そうは言っても苦手な人がいる。苦手だからと言ってその人をほおっておくと、その人は管理者と親しくなってしまう。そこで、どうしても、その人と話しするのを、自分が創造している左翼フラクションあるいはグループの仲間、自分が苦手な人と話しすることのできる特定の仲間に無自覚的にゆだねてしまう、ということがでてくる。けれども、このようにすると、この仲間を職場で矢面に立ててしまうことになるのである。

われわれは、職場では常にかならず自分が矢面に立たなければならない。自分が矢面に立って左翼フラクションあるいはグループの仲間たちを守りつつ、いっしょに実践して彼らを階級的に変革し、管理者と闘争しうる主体へと育てていかなければならない。

したがって、自分が苦手な人と自分が直接に話ししなければならない。話ししうるように、他者と相対する自分を鍛えあげ強くしなければならない。

自分を強くするのは、自分の目的意識と意志力である、と私は思う。

私自身、ひっこみ思案で、みんなの誰にも自分から働きかけることはできなかった。これを突破したのは、みんなに働きかけるぞ、という目的意識だった。他者に働きかける自分を、あらゆる面にわたって一様に強くするのはなかなか難しい、と思う。私は、いまでも、バス停でずらっと並んで待っているときに隣の人とよもやま話をする、というようなことはなかなかできない。私は、この人を変革するぞ、と意志して話しかけることができるようになるのである。この私のように、自分の能力を強くするのに凸凹があっていい、と私は思う。

われわれにとって問題なのは、職場の労働者みんなを階級的に変革することである。われわれは、自分が苦手な人にかんして、この人を階級的に変革するためにはこの人はどういう意識でこういう行動をとるのかをつかまなければならない、という目的意識を自分自身のなかに明確につくりだし、自分のこの意志を貫徹しなければならない。これは、自分がこの人と話しできる関係一般をつくりだす、ということではない。この人のここは嫌いだ、というものを残しておいてもかまわない。わけのわからない行動をとるこの人のそのときの意識をつかみとる、ということの一点を実現すればいいわけである。この目的意識を創造することとこの意志を貫徹する力を、自分自身につくりだすことが肝要だ、と私は思うのである。

こういうように一度やってみるのはどうだろうか。

二〇二四年八月一日

〔9〕 対象を変革する目的意識を創造し貫徹して実践すること

私は、「どのようにして他者に相対する自分を強くするのか」という文章において、「われわれは、職場では常にかならず自分が矢面に立たなければならない」、と書いた。

しかし、私は、「自分が矢面に立たなければならない」と思って実践したことはない。私は目的意識的に実践したのである。「自分が矢面に立つ」というのは、私が自分自身の実践を結果的にみて対象的に特徴づけたものにすぎない。こういうことを言わなければならないということがあるとしても、このように言うことは、われわれがぶちあたっている問題を克服する拠点とはならない、という気がしてきた。

われわれは目的意識的に実践しなければならない。しかし、「目的意識的に実践」と言うことは同義反復である。目的意識的に行動することが実践なのだからである。

それでも私は言わなければならない、という気が、私にはする。

われわれは、対象を変革する目的意識を貫徹して実践しなければならない。われわれは、対象を変革する目的意識を自分自身のうちに創造しなければならない。

二〇二四年八月四日

〔10〕 われわれは、既存のものであってかつ既存のものでないものを創造しなければならない

自分が労働組合に所属しているとしよう。この組合は既存のものであった。われわれは、自分がこの労働組合をつくりかえるのである。このことは、自分が、既存のものである労働組合を既存のものではないものとして創造することを意味するのである。すなわち、われわれは、既存のものであってかつ既存のものでないものを創造するのである。

われわれは、自分が、当面する組合の課題をめぐって、——この課題を実現する闘いにとりくむにあたっても、この闘いのただなかにおいても、この闘いの総括においても、——組合員として自己の見解を明らかにし、組合員たちを変革し組織するのであり、こうすることによって、組合を新たなものとして創造するのである。

したがって、われわれはこのような目的意識をもって、自分が組合員として自己の見解を明らかにし、組合内での論議（および非組合員の労働者をふくむ論議）を組織していかなければならない。

二〇二四年八月四日

〔11〕　労働組合を新たなものとして創造するために

われわれは自分が所属する労働組合を新たなものとして創造するために、組合の執行機関において組合役員として、当面する組合の課題をめぐって、この課題を実現する闘いにとりくむにあたっても、この闘いのただなかにおいても、この闘いの総括においても、自己の見解を明らかにし、組合役員総体の意志一致をはからなければならない。

これまでの闘いにおいて組合役員のそれぞれがどのように実践したのかということとその意義を明らかにしつつ、組合として突破しなければならないことはどこにあるのかということへとほりさげ、今後の闘いをどのようにおしすすめていくべきなのか、ということを、われわれは組合役員として提起し、論議を組織しなければならない。このばあいに、組合役員たちを階級的に変革していくためには、当該の組合の課題そのものにかんして、下向的にイデオロギー的にほりさげて論議することが肝要なのである。

われわれがつくりだしている左翼フラクションにおいては、われわれは、組合の執行機関での論議に先立って、この組合機関の会議において何をどのように提起するのか、ということについて意志一致するとともに、この組合機関の会議のあとには、ここでどのように論議し何を決定したのか、ということについて報告し、左翼フラクションとしての組織的同一性を創造しなければならない。左翼フラクションのメンバーたちが職場で組合員たちと論議するばあいに、彼らは、組合機関での確認の前には、左翼フラクションで意志一致したところのものを自分の意見として言わなければならず、組合機関での確認のあとには、決定された・このような総括と方針のもとにたたかおう、というように論議しなければならないからである。

このように、左翼フラクションのメンバーたちは、われわれが組合役員として提起するもの・提起したものを、組合がとるべき方針、したがって自分自身のイデオロギー的指針とし、左翼フラクションで確認した組織的闘いの指針を自分自身の活動の指針として、このような指針にのっとって実践するのである。左翼フラクションはわがプロレタリア党そのものではないことを度外視して言えば、前者のイデオロギー的指針を「闘争（＝組織）戦術」、後者の組織的闘いの指針を「（闘争＝）組織戦術」と呼び、両者をわれわれの「闘争＝組織戦術」の二契機として捉えることができる。

われわれは、このような自覚をもって、自分が組合役員として、これまでの闘いの総括と今後の闘いの指針を提起し、組合役員たちを階級的に変革するかたちでの論議を組織し、意志一致をはからなければならないのであり、左翼フラクションにおいて、自分が組合役員として提起するものとこれの体得を組合役員たちや組合員たちにうながす組織的闘いの指針をめぐって論議し、組織的同一性を創造しつつ、彼らの実践にかんする総括をほりさげ、彼らを共産主義者へとたかめていかなければならない。

二〇二四年八月一二日

〈12〉 われわれは組合役員として提起する内容を、革命理論的にも実践論的にもほりさげていかなければならない

われわれは自分が所属する労働組合をつくりかえ強化していくためには、自分が組合役員として組合の執行機関および組合そのものに築いてきている自分の地歩に立脚して、その時々の闘争をめぐって自分が組合役員として組合の執行機関に提起する内容を、組合役員全員が一致しうるものから、組合役員たちを、そして組合員たちを、思想的に変革しひきあげていくものへと高度化していかなければならない。われわれは組合役員として、当面する闘争課題にかんして、その方針や闘いの総括の内容をイデオロギー的に、したがって革命理論的にも実践論的にもゴシゴシほりさげて提起し、論議することが必要なのである。われわれは、このことを不断に実現し組合の風習とすることをとおして、組合役員たちや組合員たちに、この人の言うことはためになる、この人の言うことを聞いていると自分がたかまる、というように、自分をたかめる意欲とバネを創造していくことが肝要なのである。

このことを実現するために、われわれは組合役員として、当面する闘争課題にかんして提起するたびごとに、その内容を、一歩、そしてまた一歩というように、イデオロギー的に、したがって革命理論的にも実践論的にも下向的にほりさげ深めていくのでなければならない。

二〇二四年八月一三日

二　プロレタリア世界革命を意志する人間への一挙的変革を

〔1〕ごく普通の人たちを階級的に変革し組織する力を身につけよう

プロレタリア階級闘争の壊滅状況は、ごく普通の人たちを大量に生みだした。われわれが出会うのはそういう人たちばかりである。若者がそうであるばかりではなく、壮年層の人たちも老年層の人たちもまたそうなのである。

われわれは、こういう人たち＝こういう労働者たちを階級的に変革し組織しなければならない。かつてのように、政治的意識の高い労働者や学生を見つけ出してオルグする、ということを意図しているのではだめなのである。結局、そういう人を見つけ出すことができない、ということになってしまう。

労働者たちは過酷な労働を強いられ、産業下士官に痛めつけられて、多かれ少なかれ鬱病・鬱症状にさいなまれた経験を持つ。まわりには自分よりもさらによりいっそう貧困に苦しめられている人たちがいる。世界では熱い戦争が勃発し、日本政府は軍備の飛躍的増強を急いでいる。ごく普通の人である労働者たちは、この現実に否定感を抱いているのである。

われわれは、面々相対している労働者の・現実への否定的意識をつかみとり、「それはこの社会が悪いからだ」、というようにおのれ自身のこの社会への怒りをあらわにして、相手である彼を、現存する社会に対決し・これを否定し変革する立場に一挙にたたせなければならない。

これが出発点をなす。面々相対している労働者へのこのような変革的なかかわりをなしうるかどうかは、自分自身の訓練にかかっているのである。

われわれは職場闘争やその他のもろもろの闘いを基礎にして、共産主義的意識を大量に創出しなければならない。われわれがプロレタリア革命を実現するために、プロレタリア党を創造し建設するために、まさにそうなのである。これは、われわれ自身の自己変革にかかっているのである。

二〇二四年九月一七日

〔2〕黒田寛一は、革命運動上の問題を「抽象的で本質的な理論的諸問題」としている。これではだめだ！

黒田寛一は『日本の反スターリン主義運動　2』（こぶし書房、一九六八年刊）において次のように書いている。

「……また思想問題とは、大衆運動への組織的かかわり（Y面）にかんする理論闘争および組織活動にかかわる具体的な理論上の諸問題、ならびにそれらを規定するより抽象的で本質的な理論的諸問題、さらに組織そのものに固有な理論問題など、ようするに大衆運動および革命運動にかんする一切の理論的諸問題のことである。」（三一八頁）

ここで、黒田寛一は、プロレタリア前衛党組織を建設するために思想闘争をくりひろげるべき組織問題および思想問題のうちの思想問題、その「革命運動」上の問題にかんしては、これを「より抽象的で本質的な理論的諸問題」としているのである。しかも、この「より抽象的で本質的な理論的諸問題」を、「大衆運動への組織的かかわり（Y面）にかんする理論闘争および組織活動にかかわる具体的な理論上の諸問題」「を規定する」ものとしてとりあげる、としているのである。このことは、ここの諸規定が「具体的」および「抽象的」という対概念でもって論理的に解明されていることからしても明らかである。

これでは、プロレタリア前衛党の組織諸成員は、現代世界においてプロレタリア世界革命をわれわれがどのようにして実現するのかということを、われわれの切実な実践的で現実的な問題として、まさに自分自身の問題として、自分自身が組織成員として解明すべき問題として考察することはない、ということになってしまう。現実的には、組織諸成員は、プロレタリア革命にかんすることがらは、黒田寛一の著書や、マルクス＝エンゲルス、レーニン、トロツキーの文献などを学習するときに学習としてつかみとるにすぎない、ということになってしまう。しかも、それを革命そのものの問題としてではなく、大衆運動の指針を解明するときに適用すべき抽象的な理論として把握するにすぎない、ということになってしまう。

これでは、組織諸成員は、プロレタリア世界革命をどのようにして実現するのかというわれわれの実践のための理論を、おのれの実践とおのれの生き方、おのれの実存そのものにつらぬくものとすることはついになく、おのれの実践は大衆運動のためのものとし、日々のおのれの労働や日常生活は、これまで育ってきたあいだに身につけた意識と習慣にもとづいてやっていく、日々ぶちあたる諸事態への反応と対応にかんしては、これまで生きてきたあいだに培ってきた感性的なものがそのまま働く、ということになってしまうのである。

われわれは、われわれの組織建設において、このようなものをその根底からくつがえすのでなければならない。

二〇二四年九月二三日

〔3〕自己の物化に無自覚な賃労働者が自己形成していく場が前衛組織なのか。その構成員は共産主義者ではないのか

黒田寛一は『組織論序説』（こぶし書房、一九六一年刊）において次のように書いている。

「現代におけるプロレタリア階級闘争の推進母胎をなす前衛組織は、まさにそれゆえに、たんなる政治組織につきるわけではない。それは、既成諸組織の内部における分派闘争と不断の階級闘争を通じてプロレタリア党を創造してゆく実体的基礎であるばかりでなく、いやそうであるがゆえに同時に、自己の物化に無自覚な賃労働者が自己実存の本質を、その世界史的使命を階級的に自覚した革命的プ

ロレタリアとして主体的自己形成をなしとげ、さらに共産主義的人間への自己脱皮をかさねてゆくための場でもなければならない。革命的実践に媒介されたプロレタリア的人間への変革の場とならなければならないものこそが、まさしく革命的前衛組織なのである。」（二八一〜二八二頁――傍点は原文）

ここで、この引用部分の後半に注目してほしい。その主語は「自己の物化に無自覚な賃労働者」とされているのである。傍点部分も「プロレタリア的人間への変革の場」とされており、この主体は、まだ「プロレタリア的人間」ではない、とされているのである。すなわち、「プロレタリア的人間のプロレタリア的人間としての変革の場」というように論じられているのではない、ということである。

このような論じ方は、ここに言う「前衛組織」は、松崎明が組織している学習会を念頭において理論化したものだ、というように考えるならば、理解できることではある。だが、他面では同時に、この「前衛組織」は、「その政治的結合体が前衛党である」（二二四頁）、と理論化されている「前衛組織」なのである。このことからするならば、この「前衛組織」の担い手は、「プロレタリア的人間」であり、共産主義者であり、「自己の物化」を自覚し、「賃労働者」としての「自己実存の本質を、その世界史的使命を階級的に自覚した革命的プロレタリア」でなければならないのである。

前衛党組織論であるかぎり、「前衛組織」の担い手である「革命的プロレタリア」＝共産主義者が、実践と内部思想闘争をとおして、「革命的プロレタリア」＝共産主義者＝組織成員として主体的に自己形成していく構造を論じることが問題なのである。けれども、黒田寛一はこのようなことを論じてはいない。黒田は、前衛組織の担い手の主体的自己形成を論じるときには、無自覚な賃労働者、まだ革命的プロレタリアになっていないプロレタリアを主体とし、出発点として論じるのである。

これでは、前衛党を構成する組織の成員は、いつまでたっても、革命的プロレタリア＝共産主義者になることをめざして自己を変革しているプロレタリアだ、ということになってしまう。これでは、前衛党を構成する組織の成員は、われわれがプロレタリア世界革命をどのようにして実現するのか、ということを、まさに自分自身の実践的問題とし、自分自身が考察すべき課題として自分自身に課し、そのことを主体的に解明し、内部思想闘争を展開すること、こうすることはない、ということになってしまうのである。

二〇二四年九月二三日

〔4〕ごく普通の人をどのようにして思想的に変革するのか。われわれ自身の自己変革は？

ごく普通の人（労働者や学生）は、現実の諸事態に直面し、また生活に苦しんで、種々の不満を抱え、さまざまな矛盾を感じている。われわれは、彼らとそれをめぐって論議し、いっしょに闘いや活動をおこなって実践的な同一性を創造しつつ、それらの諸問題が生起するのはこの社会が悪いからだ、ということを明らかにし、彼らを、この社会を否定し変革する立場にたたせなければならない。そして、われわれは、彼らに、この社会は資本主義社会であり、この資本主義社会を転覆するプロレタリア革命をやろう、と提起し論議して、彼らに、この革命をやるという意志を、この革命を実現するために団結するという意志を一挙に創造し、彼らをそれにふさわしい組織として・あるいは・この組織の一員として組織しなければならない。

われわれは、このようなかたちで労働者たちや学生たちを思想的に変革し組織すべきなのである。

われわれは、労働者たちや学生たちを階級的に変革し、プロレタリア世界革命を実現するという立場にたたせて組織し、プロレタリア党の一員たるの自覚にもえてこの党組織を創造し確立するために実践することをうながし、この実践の反省の論議とマルクス主義の学習をつうじて、彼らをプロレタリア的人間＝共産主義者＝組織成員として鍛えあげていかなければならない。

階級的に自覚した労働者たちや学生たちが自己を変革していくためには、彼らが、プロレタリア世界革命の実現を意志し・プロレタリア党の組織の一員としての自覚をもって実践し思想闘争を展開し、このような立場にたって、自己の思想性と組織性を、だから自己の組織的主体性を、したがって、内部思想闘争における自己のありかたを、自己の実践を、自己の日々の労働と諸関係のつくりかたを、自己の生活や習慣やその感覚を、自己の実存そのものを、そして自己の感性の働き・うごめき・衝動を、たえず凝視してふりかえり、省察し、変革していくことが必要なのである。

われわれは、かつて革マル派の組織の成員であった時代には、自分はこのようなかたちで自己変革をなしえてこなかった、ということを現在的に自覚しなければならない。プロレタリア世界革命の実現を――おのれの実存そのものの問題として――意志する者として自己を省察するのではなく、大衆運動の戦術を提起し組織活動を展開する者として自己をふりかえってきたにすぎないからである。こうすることによって、右に見た、自己を凝視しふりかえる目と厳しさと自己変革の訓練が培われてこなかったからである。

自己変革に穴ができているからである。

われわれは、われわれの組織建設そのものにおいて、これを突破しなければならない。

二〇二四年九月二四日

三　われわれは国会議員選挙をめぐってどのようにイデオロギー的＝組織的闘いを展開すべきなのか

〔1〕ブルジョア議会粉砕・一切の議会主義粉砕の立場にたって、断固たるイデオロギー闘争を展開しよう！

いま、自民党の総裁選、立憲民主党の代表選がおこなわれている。自民党の総裁となった者は、国会で首相に選出され、早かれ遅かれ衆議院解散＝選挙に打って出るであろう。

われわれは、まさにこのときにこそ、反議会主義の立場にたって、この国会議員選挙の階級的本質と議会に依存することの誤謬・反プロレタリア性をあばきだすイデオロギー闘争を断固として展開しなければならない。

反議会主義の立場とは、ブルジョア議会粉砕・一切の議会主義粉砕の立場である。

マルクスとエンゲルスは、『共産党宣言』の序文に次のように書いた。「コンミューンは、「労働者階級は、できあいの国家機関をたんにその手ににぎり、それを自分自身の目的のためにつかうことはできない」(『フランスにおける内乱』)ということを証明した。」(「一八七二年のドイツ語版序文」『共産党宣言』国民文庫版では八頁)、と。

日本の国会、すなわちブルジョア議会は、ここに言う・できあいの国家機関である。労働者階級は、これを粉砕しなければならないのである。

ブルジョア議会は、支配階級たるブルジョアジーが、被支配階級たるプロレタリアートを搾取し抑圧するのをおおい隠すためのイチジクの葉である。プロレタリアートは、このような議会を利用し多数をとって・みずからの解放をかちとる、ということは決してできない。多数をとって・みずからの解放のために利用するというのは幻想であり、被支配階級が支配階級にからめとられるだけである。だから、議会に依存する一切の議会主義は、誤謬であり、反労働者的なのである。

プロレタリアートは、みずからを解放し労働者の国家をうちたてるためには、ブルジョア議会を粉砕し、コンミューン＝ソビエト（労働者評議会）を創造しなければならない。ソビエトは、統一戦線の最高の形態であり、ブルジョア国家権力を打倒する革命闘争の機関であり、そして、プロレタリアートが樹立するみずからの国家権力・すなわち・プロレタリアート独裁権力の実体的基礎をなす。

ソビエトは、プロレタリアートがみずからを階級として組織する組織形態なのである。

われわれは、このようなことを明らかにするイデオロギー闘争を果敢にくりひろげなければならない。

これは、プロレタリア革命の革命戦略・組織戦術・革命闘争戦術にかんするイデオロギー闘争であって、労働運動や学生運動の闘争課題を実現する戦術をめぐるイデオロギー闘争とは異なる。国会選挙、すなわちブルジョア議会選挙の時には、まさに、このような革命路線にかんするイデオロギー闘争を展開することが肝要なのである。

われわれは、わがプロレタリア党が党として、ブルジョア議会の階級的本質と一切の議会主義の反プロレタリア性をあばきだすこのようなイデオロギー闘争を展開するばかりではなく、労働組合に所属している党員も、労働組合に所属していない党員も、党員としての党員として、種々の場面において、面々相対している労働者たちを階級的に変革するために、国家機関粉砕・議会主義反対のプロレタリア革命路線をめぐるイデオロギー闘争を、大胆にかつ柔軟にくりひろげるのでなければならない。

二〇二四年九月二〇日

〔2〕 衆院選に向けて政治家どもが動く。ブルジョア議会粉砕、一切の議会主義反対のイデオロギー闘争を

国家権力者の座に就いた石破茂は、一〇月九日衆議院解散、二七日衆院選投開票をうちだした。
自民党を先頭とする、日本独占ブルジョアジーの階級的支配を盤石にすることを狙う諸政党は、選挙

ムードをかきたて、労働者たち・勤労者たちをブルジョア支配秩序に安定的にからめとることに必死となっている。

自民党政権に反対する諸政党もまた、選挙の票をとることに狂奔し、国会というブルジョア議会への幻想をあおりたてることに精力をついやしているのである。これは、労働者たち・勤労者たちにたいする裏切りである。いや、彼らは、あらかじめ裏切っているのであって、労働者たちの代表面《づら》をして議席につき、労働者たちを裏切り踏みにじることを競い合っているのである。立憲民主党以下の諸政党がそうである。日本共産党もまた、「資本主義の枠内での改良」を追い求める修正資本主義路線のもとに、労働者たち・勤労者たちを欺瞞して票をもらうことに奔走しているのである。

彼らの誤謬は、ブルジョア議会に依存する議会主義に陥没していることにある。彼らは、ブルジョアジーが労働者階級を支配する機関たる国家機関を粉砕するという意志をかつて一度としてもったことがないか、一度はもったことのある意志を捨て去って久しいのである。これが、労働者たち・勤労者たちを踏みにじる紋章である。

レーニンは――マルクスの意志を継承して――言った。

「支配階級のどの成員が、議会で人民を抑圧し、ふみにじるかを数年に一度きめること、――議会主義的立憲君主制ばかりでなく、もっとも民主的な共和制のばあいにも、ブルジョア議会制度の真の本質はまさにここにある。」(レーニン『国家と革命』第三章の三「議会制度の廃棄」、国民文庫版では六一頁)と。

(マルクスは、ブルジョア議会にかんして、「支配階級のどの成員が議会で人民を代表し、ふみにじるべきかを〔人民を誤り代表すべきかを〕三年または六年に一度きめる」と書いている（『国家と革命』六〇頁に引用されている）。「人民を誤り代表すべきか」という表現は理解が難しいので、レーニンはこのマルクスの意をくんで「人民を抑圧し、ふみにじるか」と書いたのであろう。マルクスの皮肉たっぷりの表現がおもしろいので、ここに引用した。）

まさに、そうだ。このようなブルジョア議会たる国会に幻想をもってはならない。このような議会に依存する一切の議会主義に陥没してはならない。

労働者たち・勤労者たち・学生たちは、労働者階級の解放をかちとるために、ブルジョアジーが支配するための機関たる国家機関を粉砕し、労働者国家の組織形態たるソビエト（労働者評議会）を創造する、という意志をもたなければならない。すなわち、労働者たちはみずからをプロレタリアとして自覚し、そして勤労者たち・学生たちは労働者階級の立場にたち、職場ソビエト（職場労働者評議会）を基底として、産業別的および地区的地方別的の二重の構成をもつソビエト（労働者評議会）を創造し、これを唯一の国家権力にたかめる、ということをおのれの決意たらしめなければならない。

われわれプロレタリア党とその成員は、まさにブルジョア議会選挙がおこなわれるそのときに、このような、ブルジョア議会粉砕・一切の議会主義打破のイデオロギー闘争を展開し、この内容を労働者たち・勤労者たち・学生たちに物質化するために組織的にたたかうのでなければならない。

二〇二四年一〇月二日

〔3〕　反議会主義の立場にたって、ブルジョア議会粉砕＝ソビエト創造の共産主義的意識の大量的創出を

かつて革マル派がまともであった時代に黒田寛一は、レーニンの「革命的議会主義」という提起を改作するかたちで次のように明らかにした。

すなわち、レーニンの「革命的議会主義」を、「反議会主義」というわれわれの基本的立場にたったうえでの「革命的議会闘争戦術」というように、理論的に整序しなければならない、と。「反議会主義」とは、ブルジョア議会反対、議会主義反対というわれわれの原則的立場である。われわれは、この原則的立場にたって、革命的議会闘争戦術をとるばあいと、議会ボイコット戦術をとるばあいとがある。われわれは、平時には革命的議会闘争戦術をとり、一定の政治的経済的危機に直面し主体的諸条件が成熟してきたばあいには、議会ボイコット戦術をとり、ソビエトを創造するためにたたかうのだ、ということである。革命的議会闘争戦術とは、われわれは、ブルジョア議会選挙にわが党として立候補者を出し、ブルジョア議会の階級的本質を暴露するとともに、議会主義の反プロレタリア性をあばきだして、わが党は労働者階級の立場にたち労働者階級の利害を貫徹するかたちで戦術的諸課題を実現するためにたたかうことを明らかにするイデオロギー的＝組織的闘いを展開する、ということである。

ここで、かならずしも理論的基礎づけが明確にされたとは言えないのであるが、われわれの組織的力量が弱いばあいには、立候補者を出さず、それぞれのメンバーは選挙では白票を投じる、ということであった。

われわれは、黒田の指導のもとに当時のわれわれ自身が確認してきたこの解明を、さらにほりさげなければならない。

わが党員が、日本共産党系の幹部あるいは変質した社会民主主義者あるいはまた労働貴族どもが牛耳っている労働組合に加盟してその組合員ないし組合役員としてたたっているばあいには、さらには、わが党員が組合役員として無党派的な組合主義者といっしょになって組合執行部を構成してたたかっているばあいにおいてさえも、――わが党がわが党としての立候補者を出し、――わが党員が組合員たちにわが党の候補者に投票を呼びかけることは、その活動をわが党員が裏でコソッとやるのでないかぎりは、組合として特定の候補者を推薦して活動している組合役員たちや組合員たちと敵対的に対立することになるのであって、組合の分断をもたらすことになるのである。

したがって、われわれは、わが党員が現存する労働組合に加盟し・組合員あるいは組合役員として・この組合を下から改編するためにたたかうことを基軸としているばあいには、ブルジョア議会選挙にわが党としての立候補者を出すべきではないのである。

労働組合に加盟しているわが党員は、同時に党員であるところの組合員あるいは組合役員として、組合が推薦している候補を支持する活動を独特なかたちで展開する、とともに、わが党員はわが党員として、組合員たちを階級的に変革し・左翼フラクションのメンバーたちを強化するために、ブルジョア議会の階級的本質を暴露し、一切の議会主義を徹底的に批判する、と同時に、労働者階級が自己解放をかちとるためにブルジョア国家機関を粉砕しソビエト（労働者評議会）を創造しなければならないことを明らかにするイデオロギー的＝組織的闘いを展開すべきなのである。後者は、わが党員が党員としてくりひろげる独自活動にほかならない。

われわれはこのように理論的に明らかにすべきである、と私は考える。

二〇二四年一〇月二日

〔4〕一八七一年のパリ・コンミューンはブルジョア国家機関を粉砕した。コンミューンは労働者階級解放の組織形態だ

共産党も立憲民主党も――その他の野党は当然のこととして――自分たちは労働者を代表する党だ、とは主張しない。せいぜい反自民の党として押し出すぐらいのものである。これは、あらゆる政党が現存支配秩序を維持するとしたうえであれこれの違いを出しているにすぎないものだからである。これらの連中は、労働者たちを支配するか欺瞞することを自分たちの任務としている者たちばかりなのである。票が欲しいと動き回っている連中は、こういう者たちなのである。このことは、日本で国会と呼ばれるブルジョア議会そのものが、資本家階級が労働者階級を支配するための機関であることにもとづくのである。

われわれは、労働者階級の闘いの歴史から教訓をつかみとらなければならない。

歴史上はじめて労働者階級がブルジョア国家機関を粉砕したのは、一八七一年のパリ・コンミューンであった。

コンミューンは、「そのもとにおいて労働の経済的解放が達成されるべき、ついに発見された政治形態であった。」――マルクスは、一八七一年のパリ・コンミューンの意義をこのようにつかみとったのである。

マルクスが明らかにした、この政治形態の特質は、「コンミューン型国家の四原則」と呼ばれる。

①「コンミューンの最初の命令は、常備軍を廃止し、それを武装した人民ととりかえることであった。」

――プロレタリア民兵制

②「コンミューンは、パリの各区での普通選挙によって選出された市会議員から成っていた。彼らは責任を負い、いつでも解任することができた。コンミューン議員の大多数は、もちろん、労働者か、労働者階級の公認の代表者かであった。」――完全な選挙制とリコール制

③コンミューンは議会ふうの団体ではなく、同時に執行し立法する行動的団体でなければならなかった。」――立法と執行をかねそなえた行動的団体

④「コンミューンの議員をはじめとして、公務は労働者なみの賃金で果たされなければならなかった。」

――労働者なみの賃金

レーニンは、このことを『国家と革命』でまとめている（第三章の二「粉砕された国家機関を何にとりかえるのか?」国民文庫版では五五頁〜五七頁）のである。

一九一七年のロシア革命のときに、労働者・農民がツァー専制国家権力を打倒するために創造したソビ

エト（労働者評議会）は、このコンミューンのロシア的形態であった。と同時に、このソビエト＝コンミューンは、労働者階級がプロレタリア革命を実現するために創造すべき普遍的な組織形態なのである。

われわれは、一九一七年のパリ・コンミューンの経験とそのマルクスの教訓化および一九一七年のロシア革命の経験とそのレーニンの教訓化をわがものとして継承し、そして発展させて、二一世紀現代世界において、あらゆる帝国主義国家権力および資本主義国家権力を打倒するためにプロレタリアートは、ブルジョア国家機関を粉砕し、職場ソビエト（職場労働者評議会）を基底として産業別的業種別的と地方別的地区別的との二重の構成をもつソビエト（労働者評議会）を創造しなければならない、ということを明らかにしてきた。

われわれはまさに、この衆院選挙のただなかにおいて、反議会主義の立場にたち、労働者・勤労者・学生たちを階級的に変革するために、いま述べてきたようなことがらを明らかにするイデオロギー的＝組織的闘いを大胆かつ柔軟にくりひろげていかなければならない。

二〇二四年一〇月四日

〔5〕石破政権による軍事力の飛躍的増強策動阻止！ 労働者を一票に落としこめる議会主義の誤謬をあばきだそう！

国家権力者・石破茂は、所信表明演説において、中国を主敵として、日米軍事同盟の強化を基軸とし韓国やオーストラリアなどの反中国のアジア・太平洋諸国との軍事的連携を強めつつ、日本の軍事力を飛躍的に増強する意志をむきだしにした。

成立した新政権の策動をうちくだき石破政権そのものを打倒するために、労働者たち・勤労者たち・学生たちは、プロレタリアートの立場にたって階級的に団結してたたかおう。

この闘いを実現するためには、共産党や立憲民主党などの反自民を語る諸勢力が全精力を注ぎこんでいる票のかき集め、その誤謬を徹底的にあばきだしていかなければならない。票のかき集めが誤謬であるのは、労働者たちがいっしょに働き・資本家による搾取の苦しみとそれへの怒りを共有している職場において労働者たち自身の団結をかちとるのではなく、労働者たちをバラバラにしたうえで投票所での一票におとしめてしまうものだからである。

労働者たちを職場から切り離しバラバラにして単なる一票としてあつかうこと自体が、支配者たちが労働者たちを現存する資本主義的秩序のもとにからめとるためのものなのである。国会それ自体が、資本家階級が労働者階級を支配するための国家機関の一つなのである。国会は、資本家による労働者の搾取をおおい隠すためのイチジクの葉なのである。

反自民を語る諸政党が議席を拡大するために票のかき集めに奔走するのは、国会というブルジョア議会の階級的本質をおおい隠し、このブルジョア議会に依拠するという議会主義を自分たちの信条としているからなのであり、これは労働者の団結を踏みにじるものであり、反労働者的なものなのである。

労働者たち・勤労者たち・学生たちは、国会すなわちブルジョア議会の階級的本質を自覚し、一切の議会主義に反対するという意志をうちかためなければならない。

労働者たちが資本家による搾取を廃絶し、労働者階級の自己解放をかちとるためには、ブルジョア国家機関を粉砕し、職場を基礎とする労働者評議会（ソビエト）を創造しなければならない。労働者評議会（ソビエト）は、労働者階級が階級として団結する組織形態なのである。

われわれは、衆院選挙すなわちブルジョア議会選挙のただなかにおいて、このようなことがらを明らかにしてたたかっていかなければならない。

二〇二四年一〇月四日

〔6〕旧安倍派の解体推進と日米関係改編の新たな日本ナショナリズムの貫徹

国家権力者となった石破茂を先頭とする自民党執行部は、「不記載」としてトカゲのしっぽ切りをした下村・西村・高木・萩生田・平沢・三ツ林の六人を非公認とし、その他の議員についても、公認したとしても比例区との重複立候補は認めない、と決定した。

これは、直接には、自民党幹部どもの選挙対策のための自己保身であるが、旧安倍派の解体をさらに推進する、という意味をもつ。これは、イデオロギー的には、日本独占ブルジョアジーの利害を体現する国家権力者が、旧安倍派の面々につらぬかれているナショナリズムを戦後の日本の体制を維持してきたものとしての対米従属的なものとして否定し、日本国家の地位をよりいっそう高めた日米関係を築くとする新たな日本ナショナリズムを貫徹したことを意味するのである。

石破政権は、中国・北朝鮮の軍事基地をたたく先制攻撃のために日本の軍事力を飛躍的にたかめること、そして日本軍（自衛隊）の地位を相対的にたかめるかたちで日米軍事同盟を強化することを、目論んでいる。国家権力者・石破茂がこの軍事力強化政策＝日米関係改編政策につらぬいているイデオロギーが、あらたな日本ナショナリズムなのである。

労働者・勤労者・学生・知識人は、石破政権のこの軍事力の飛躍的強化の策動を粉砕しよう。

野党の諸党が、選挙の票をかき集めることに狂奔するのは、労働者たちを職場から切り離してバラバラにし投票所での一票におとしめるものである。労働者たちは職場で階級として団結しよう。国会は、資本家階級が労働者階級を支配するための国家機関の一つである。このような国会に依存する一切の議会主義を打破し、労働者たちがみずからを階級として組織する形態たる労働者評議会（ソビエト）を創造するという展望をもってたたかいぬこう！

二〇二四年一〇月七日

〔7〕ブルジョア議会選挙とソビエト（労働者評議会）創造のわれわれの意志の貫徹

二一世紀現代の日本の物質的および階級的の諸条件のもとでは、プロレタリア世界革命の立場にたって日本プロレタリア革命を実現するためには、われわれプロレタリア党は、職場ソビエト（職場労働者評議会）を基底とし、産業別的業種別的構成と地方別的地区別的構成との二重の構成をもつソビエト（労働者評議会）を創造しなければならない。諸産業を諸独占体が支配し、そのもとに膨大な中小諸企業や個人営業者をあみこみ、「連合」傘下の諸労働組合および労働組合には組織されていない労働者たちを企業経営者のもとにからめとっているからである。二重の構成をもつソビエトは、このような労働者たちがみずからを階級として組織する形態なのである。

われわれプロレタリア党は、一定の主客諸条件のもとでこのようなソビエトを創造する、ということを意志するのであり、この主客諸条件が成熟していない平時でのブルジョア議会選挙に際しては、ブルジョア議会粉砕・一切の議会主義反対の、すなわち反議会主義の、イデオロギー的＝組織的闘いをくりひろげるというかたちで、この意志を貫徹しなければならない。なぜなら、ブルジョア議会選挙そのもの・およびブルジョア議会に依存するという議会主義にもとづく既成の諸政党の諸行動は、労働者たちを単なる一票におとしめて、彼らの現存社会への怒りと階級的自覚の芽生えを踏みつぶし、彼らを現存ブルジョア支配秩序のもとによりいっそうがっちりと抱きこむものだからである。

われわれプロレタリア党は、――たとえそれなりに大きな組織的力量をもっているという諸条件のもとでさえも、――ブルジョア議会選挙に党としての立候補者を出すならば、労働者たちを票として獲得することを迫られるのであって、これまで積み重ねてきたところの、労働組合での・職場での・また地域での大衆的および組織的の基盤を創造する闘いと衝突することになる。わが党の候補者に一票を投じた労働者は、どうしても、この候補者が議会で議員として活動することに期待を寄せることになるのであり、これは、ブルジョア議会において議員としてなにがしかのことをなしうるかのような幻想をもつことにつながってくるからである。

このような考察にもとづいて、われわれは、今日のブルジョア議会選挙に際しては、労働者たちに階級的自覚をうながし彼らを階級として組織するために、一切の議会主義に反対し、この資本主義社会をくつがえすことを目的としてブルジョア国家機関を粉砕しソビエトを創造する、という意志を彼らに獲得させるためのイデオロギー的＝組織的闘いを展開するのでなければならない。

二〇二四年一〇月七日

四　国会議員選挙時における闘い——その具体的解明

〔1〕与党も野党もどうしようもない。これは国会が階級対立をおおい隠すものであるからだ

与党も野党もどうしようもない。これは「政治とカネ」の問題を見れば一目瞭然だ。これは、政府が先制攻撃のための軍事力を増強していることを見れば、そして、それへの野党のへなちょこさを見れば、明らかだ。

こんな連中が、「私を国民の代表に」などと言って、一票欲しさに頭を下げている。これは欺瞞だ。これは、労働者・勤労者・学生・知識人をだますものだ。

これは、国会が資本家階級と労働者階級との階級対立を隠蔽《いんぺい》するものであるからだ。資本家階級が労働者階級を搾取し収奪し抑圧していることをおおい隠すための機関が国会すなわちブルジョア議会なのである。

現存する日本国家はブルジョアジー（資本家階級）独裁の国家なのであり、国家のこの階級的本質をお

おい隠し、あたかも日本という土地に住まう人びとの全体の利害を代表するものであるかのように見せかけるためのものが、国会なのであり、国会選挙なのである。

みんな、だまされてはならない。

資本家による労働者の搾取を廃絶し、労働者階級がみずからを解放するためには、国会をはじめとする現存する一切の国家機関を廃止し、労働者たちがみずからを組織してつくる労働者評議会（ソビエト）を創造し、これを最高の機関に・すなわち・国家そのもの（労働者国家）にたかめなければならない。

この自覚をもとう。この自覚をもって、石破政権の反動的な諸攻撃に反対する闘いを展開し、石破政権を打倒しよう！

二〇二四年一〇月一〇日

〔2〕組合役員であるわが同志たちは自己を二重化して国会議員選挙時の闘いをたたかいぬこう

わが同志が組合役員であるばあいには、わが同志は組合役員としては自分が所属している労働組合が推薦している立候補者を応援しなければならないのであって、組合的課題を実現するために必要な左翼的な理由を明らかにするかたちでこの応援をやらなければならない。それとともに、わが同志たちは党員として、さまざまな組合員たちと、国会議員選挙は資本家階級による労働者階級の支配を強化するものであることを明らかにするイデオロギー闘争を大胆にかつ柔軟におこなわなければならない。

　わが同志たちは次のことを明らかにして論議しなければならない。

　国会議員選挙は組合員たちを職場から切り離しバラバラにして投票所での一票におとしめるものであり、労働者の団結をこわしていくものである。なんともいかがわしい連中が労働者の代表面《づら》をして議員になり、労働者を裏切るのは、国会は、資本家による労働者の搾取を維持し、資本家階級が労働者階級を支配するのをおおい隠すものだからである。この国会に依存する議会主義から決別しよう。資本家による労働者の搾取を廃絶し、労働者階級がみずからを解放するためには、国会という名のブルジョア議会をはじめとする一切の現存の国家機関を廃止し、労働者評議会（ソビエト）を創造しなければならない。この労働者評議会（ソビエト）を基礎とする労働者の国家を樹立しなければならない。

　わが同志たちは、労働者たちとこのことを話して、彼らをオルグすることが必要なのである。

　わが同志たちは、とりわけ国会議員選挙においては、自己を二重化して活動することが問われるのである。わが同志たちは、同時にわが党員であるところの組合役員として活動する（組合が推薦する立候補者を左翼的な内容で応援する）、とともに、わが同志たちはわが党員として活動する（内容的には、国会の階級的本質を暴露するとともに議会主義を批判し、労働者階級の解放のためにはソビエトを創造しなければならないことを明らかにする）ことが必要なのである。

　断固、がんばろう！

二〇二四年一〇月一〇日

〔3〕国会議員選挙をつうじての日本独占ブルジョアジーの階級的意志の貫徹

石破茂は旧安倍派を切っておとした。立憲民主党、国民民主党、日本維新の会などの諸党はそれぞれ、さらによりいっそう右に寄った。はじかれた共産党は、ふてくされた。

これらはすべてそれ自体としては、その党の幹部の自己保身とその党の自己保存欲求にかられたものである。だが、これらはすべて、日本独占ブルジョアジーが、国会選挙をつうじて、国会議員選挙の票獲得亡者の諸党に、みずからの階級的意志を貫徹したものにほかならない。日本独占ブルジョアジーの側から言えば、彼らは、票を餌にしてすべての党をコントロールしたのである。

与党も野党も、すべて日本独占ブルジョアジーの手のひらに乗ったのである。

国会議員選挙とは、まさにそのようなものなのである。どの党も票が欲しいのである。票を得るためには、支配階級たる日本独占ブルジョアジーがつくりだしている現存支配秩序にみずから積極的に編みこまれ、そのなかのより良い位置を追い求める以外にないからである。このことは、マスコミは支配階級がにぎっているのだ、という一事を見ても明らかなのである。

わが同志たちは、今国会選挙のこのような現実をあばきだし、労働者階級が自己を解放するためには、労働者評議会（ソビエト）を創造し、国会などの一切の現存国家機関を廃止して・この労働者評議会（ソビエト）を基礎とする国家（労働者国家）をうちたてなければならない、ということを労働者たちと論議し、彼らを階級的に変革し組織していこう！

二〇二四年一〇月一一日

〈4〉革命の第一日目にソビエト（労働者評議会）全国代表大会と革命政府は何をやるのか

われわれは、国会選挙のただなかにおいて労働者たちを階級的に変革し組織するためにおこなうイデオロギー闘争の中身として、国会の階級的本質を暴露し一切の議会主義を批判しつつ、労働者階級が自己を解放するためにはブルジョア国家機関を廃止してソビエト（労働者評議会）を基礎とする国家をうちたてなければならない、ということを話しする必要がある、ということを論議してきた。

そのばあいに、職場ソビエト（職場労働者評議会）を基底として産業別的および地区別的の二重の構成をとるソビエト（労働者評議会）をいかにつくりだしていくのかということの解明にかんして、これを、職場ソビエト（職場労働者評議会）の創造を出発点として市ソビエト（市労働者評議会）を創造する主体的構造を明らかにする、というかたちで、われわれは論議してきたのである。

いま、国会議員選挙をめぐるイデオロギー闘争の内容をほりさげるために、国会をはじめとするブルジョア国家機関を廃止して、ソビエト（労働者評議会）を実体的基礎とする国家を樹立するのだ、ということの中身にたちいって、われわれは論議しているわけである。

このことにかんして、よりいっそうイメージをわかせるかたちで明らかにするためには、このプロレタリア革命の第一日目に何をやるのか、ということを考察する必要がある、と私は考える。革命の第一日目とは、ソビエト（労働者評議会）全国代表大会の第一日目であり、このソビエト大会がプロレタリアート独裁国家の樹立を宣言し、革命政府のメンバーを選出したその日である。

革命政府したがってこのソビエト大会が最初におこなわなければならないのは、プロレタリア国家がすべての生産諸手段をみずからの所有とすること、すなわち生産諸手段をプロレタリア的に国有化することである。このばあいに中心をなすのは土地の国有化である。

二〇二四年一〇月一一日

〔5〕第一回ソビエト（労働者評議会）全国大会はすべての企業の国有化を決定し、職場ソビエトと産業別業種別ソビエトは生産を管理し遂行しなければならない

ソビエト（労働者評議会）としてみずからを組織したプロレタリアートは、革命を遂行したその日に、第一回ソビエト全国代表大会において、すべての生産諸手段をプロレタリア国家の所有とすること、すなわちプロレタリア的に国有化することを決定し実行しなければならない。すべての生産諸手段を国有化す

ることは、すべての土地およびすべての企業を国有化するということである。ここでは、企業の国有化について論じる。

ソビエト大会は、すべての企業の国有化を決定する、と同時に、職場ソビエトおよび産業別業種別ソビエトは、みずからのもとにある生産諸手段を掌握し、生産を管理し遂行しなければならない。そしてまた、他の産業・業種の――ソビエトとして編成されている――諸企業との諸生産物の受け渡しを計画的意識的に実行しなければならない。職場ソビエトは、株式所有者・経営者・管理者たちをみずからの統御のもとにおき、労働組織に組みこんで一労働者として働かせなければならない。

個人経営の事業にかんしては、その経営をその個人と家族がおこないつつ、地区ソビエトがこれを統括しなければならない。

これらの諸任務を遂行するために、プロレタリア党とプロレタリアートは、職場ソビエトと産業別業種別ソビエトを、そして地区ソビエトと地方ソビエト（市レベル・県レベルのそれをふくむ）を確固として確立することが必要なのである。

このようにソビエトがすべての生産を計画的に意識的に管理し遂行するために、革命政府は、株式市場をふくむ証券市場・先物取引市場・為替市場などの一切の金融市場を閉鎖し、銀行の取り引きを管理しなければならない。

こうすることによって、株式・証券・債権の一切は意味をなさなくなるのであり、それらの所有者であった者は、ソビエトの統御のもとでみずから働くことが必要となるのである。労働者が保有している金融資産や年金なども一切、意味がなくなる。労働者たちはソビエトとしてみずからを組織し、共同社会の自覚的成員として、労働と生活を意識的につくりだしていくのである。労働者たちは、労働時間におうじて（過渡的にはそれに労働の技術性を加味して）必要な生活諸手段を、自分たちの共同社会からうけとるのであり、働けなくなったあとの生活は、地区ソビエトのもとで自覚的に共同的＝個人的につくりだしていくのである。この生活のために必要な生活物資については、プロレタリア国家が、したがってソビエトが、計画的に配分するのである。

したがって、老人が、労働を搾取するのに役立たないポンコツとして老人ホームという名の一か所に集められ、ただ生きているだけとされることも、あるいはその家族に押しつけられることも、老々介護という悲惨な事態も、ヤングケアラーというかわいそうなことも、そしてまた、労働者がうつ病にされたり過労死に至らしめたりすることも、これらすべてはなくなるのである。子どもも、働き盛りの者も、老人も、障碍者も、すべて地区ソビエトを構成する社会の自覚的成員として、いっしょに助け合って共同的＝個人的に生活をつくりだすのである。

右に見てきたことのすべてを実現するために、対外的なことがらとして、革命政府は、外国為替の取り引きおよび外国貿易を、国家のもとに一手に集中して管理し遂行しなければならない。資金の海外への持ち逃げや個々的な貿易を許してはならないのである。二一世紀現代の各国の経済は、全世界的規模において密接に結びついているからである。このことは、他面から言えば、日本においてプロレタリア革命を実現したばあいに、海外の帝国主義諸国家・資本主義諸国家によって経済的に封鎖されるならば、革命日本はひとたまりもないことを意味する。この意味からしても、創造すべき世界プロレタリア党と全世界のプロレタリアートは、世界革命の立場＝プロレタリア・インターナショナリズムの立場に立脚して、西側および東側の帝国主義諸国家権力を連続的に打倒していかなければならないのである。

二〇二四年一〇月一三日

〔6〕ソビエト（労働者評議会）の創造と労働組合の強化

プロレタリアートがブルジョア国家権力を打倒してみずからの国家を樹立し、このプロレタリア国家がすべての生産諸手段を所有するためには、革命闘争の機関をなし・プロレタリアート独裁国家の実体的基礎なすソビエト（労働者評議会）を強固に確立することが必要である。

ブルジョア国家権力者による、この国家の暴力装置たる常備軍（自衛隊）と警察を動員しての抵抗と反乱を阻止し、独占資本家どもによる経済的攪乱をうち破って、プロレタリア国家権力を樹立する、と同時に、共同的にして協同的な生産と諸生産物の諸生産部門間での受け渡しを計画的に意識的に遂行するためには、職場ソビエトを基底として、業種別的にも産業別的にも、そして地区別的にも地方別的にも、ソビエトを、われわれプロレタリア党は、創造し強固に確立しなければならないのである。

われわれプロレタリア党は、政治的および経済的の危機に直面した時点で、このソビエトを一挙に創造しなければならない。この時点でソビエトを一挙に創造するために、平時において、われわれは、職場において、また地区において、労働者たちを階級的に変革し組織する闘いを、断固として・かつ・執拗にくりひろげなければならない。

ここにおいて、ソビエトの創造と労働組合の強化という問題がうかびあがる。一定の情勢のもとで、われわれが職場ソビエトを創造するときには、この職場に実存しているわが党員は、この職場ソビエトの責任者に選出されなければならないのであり、さらに、業種別的産業別的ソビエトの責任者に、また地区別的地方別的のソビエトの責任者に選出されなければならないのだからである。われわれは、職場と地区に、それだけの大衆的および組織的の基盤を創造し確立しなければならない。

労働組合に所属しているわが党員は、平時には、労働組合運動の不断の推進を媒介として、わが党の細胞と左翼フラクションを強化し拡大し、われわれのこの諸組織を基礎にして労働組合そのものを強化しなければならない。そして、一定の情勢のもとで、われわれは、このわが党細胞と左翼フラクションを実体的基礎とし、この労働組合の力を発揮して、職場の労働者全員を組織して職場ソビエトを創造し、われわれのメンバーたちとこの闘いの過程で一挙に成長した労働者たちが代表としての選出をかちとり、職場ソビエトの執行委員会を構成する、とともに、業種別産業別ソビエトの代表委員や地区ソビエトの代表委員として選出されなければならない。

われわれは、こうした闘いを展開することを意志して、労働組合に所属しているわが党員は、わが党の細胞と左翼フラクションを実体的基礎として、不断に労働組合運動を、組合員たちを階級的に変革するかたちにおいて推進する、と同時に、これを媒介として、われわれのこれらの諸組織を強化し拡大し、労働組合そのものの強化と組合員の拡大をかちとっていかなければならない。

二〇二四年一〇月一三日

五　選挙をめぐってどのように論議すべきか

〔1〕「自民党に勝たせないために、投票所に行って反自民の一票を投じなければならない」、という考えを克服しよう！

気概のある労働者・学生のなかには、「自民党には絶対に勝たせてはならない。そのために、投票所に行って反自民の一票を投じなければならない」、と考えている人も多くいることであろう。だが、国会と国会議員選挙に幻想をもってはならない。「自公を過半数割れに追いこむために、わが党に一票を」と叫ぶ巷《ちまた》の政治家を信用してはならない。

考えてみよう。

何年か前に、民主党が政権をとったことがあった。だが、この政権は、労働者の利益になることを何もやらなかった。まったく逆に、この政権は、日米軍事同盟と自衛隊を維持して日本の軍事力を増強する政策をとった。独占資本家どもが労働者たちの搾取を強化するのを保障し守る政策をとった。悪いことばかりをやったのである。そして、自民党に倒された。倒されたときの首相が、いまの立憲民主党の党首である野田なのである。

日本独占ブルジョアジーは、与党であれ、野党であれ、そのすべてに、国会議員選挙においても、国会での採決でも、そして選出された政府にも、みずからの階級的利害を貫徹するのである。この貫徹が成功裏になされるのは、独占資本家どもが、マスコミをも、経済団体をも、官僚たちをも、「連合」という労働組合をも、自分たち自身によってか、自分たちの手先によってか、にぎっているからである。諸政党が一票を得ようとすれば、独占ブルジョアジーがつくりだしている支配の網のなかにみずから積極的に飛びこんで、それに編みこまれ、がんじがらめになる以外にないのである。独占資本家どもに奉仕する以外になくなるのである。

国会とは、国会議員選挙とは、そのようなものなのである。資本家による賃労働の搾取を保障し、資本家階級が労働者階級を支配するためのイチジクの葉が、国会なのである。投票所で労働者たちが団結するのは不可能である。そこでは、労働者たちが一堂に会することさえもができない。自分の票を投票箱に入れたら、帰る以外にないのである。そこでたまっているわけにはいかないのである。

労働者たちは、当選した議員に、自分たちの利害を託することはできない。議員となった連中は、独占資本家どもにへいこらする人間たちばかりなのだからである。

労働者たちがみずからの利害を貫徹するためには、労働者たちが階級として団結する組織形態たる労働者評議会（ソビエト）を創造し、国会を廃止して、この労働者評議会（ソビエト）を実体的基礎とする国家（労働者国家）をうちたてなければならない。労働者たちの団結とは、階級としての団結、労働者階級としての団結なのである。労働者たちがみずからの利害を貫徹するとは、労働者階級がみずからを解放することである。それは、労働者たちが自分の労働を搾取されていることを廃絶することである。搾取の廃絶を実現するためには、労働者たちが労働者評議会（ソビエト）を創造し、資本家階級の国家の機関たる国会を廃止しなければならないのである。

労働者たちは、この意志をもとう！　国会議員選挙への幻想を断ち切ろう！　国会に期待し・この国会に依存する気持ちをきれいさっぱり捨てよう！　労働者たちは、自分たちの階級的団結を基礎にして、自分たちがすべてのことを決定し実行しなければならない。選挙の過程において、そのただなかで、この意志をもち、この意志をうちかためよう！

その機が熟したときに、この意志を一挙に実現するのだ！

二〇二四年一〇月一七日

〔2〕いまの社会に、腐敗していない政治などはない。国会・国会選挙とは別の労働者の団結をつくりだそう！

立憲民主党は「政権交代こそ、最大の政治改革」と言う。

だが、「政治改革」とは、いったい何なのだろうか。現存社会で、腐敗していない政治などというものがあるのだろうか。腐敗しているのが政治なのではないだろうか。

「政治とカネ」の問題と言う。労働者が自分を、労働力を切り売りしている労働者だと自覚したら、自民党に票をいれはしないのではないだろうか。立憲民主党にも、どこの党にも、票をいれはしないのではないだろうか。労働者の利害をつらぬく党は、国会の政治のなかには存在しないからだ。

選挙で勝って国会で多数をしめようとすれば、どうしても金がいる。労働者をだまさなければならないからだ。マスコミを使って。人脈のしがらみを使って。何らかの利益で誘導して。

これが、現在の政治なのであり、選挙なのであり、国会なのである。

「政権交代こそ」というが、かつて民主党が政権をとったときには、労働者の利益になることを何もやらなかったではないか。

みんな、政治家にだまされないようにしよう！

労働者が自分の利害をつらぬくのは一票ではない。階級として、労働者階級として団結することである。労働者階級として団結する場所は、国会においてではない。国会は、資本家階級が労働者階級を支配するための機関である。

労働者は、自分たちが階級として団結するための新たな組織を創造しなければならない。この新たな組織とは、職場を基礎にして労働者全員でつくる労働者評議会（ソビエト）なのである。いま、労働組合で・あるいは・労働組合のない職場で、団結を一歩一歩強化していって、機が熟したときに労働者評議会（ソビエト）を一気につくりだし、国会を廃止するのである。

いま、労働者たちは、こうするのだ、という意志をうちかためよう！

二〇二四年一〇月一八日

〔3〕「未来の国家像」――これが、ブルジョア・イデオロギーだ！

きょう一〇月二〇日の読売新聞の「編集手帳」に次のような文章がある。

∧石破首相は国会の熟議を経て解散するとした総裁選の言を翻し、野党はそれへの批判に加え、「裏金」の大合唱である。選挙向けの党利党略が透けるようで、腑《ふ》に落ちない有権者もいるだろう。公約を見比べても未来の国家像は結びにくい――地元候補者の声にじっくり耳を傾けたい。物価高と伸びない給料、停滞する災害復興、少子高齢化に人口減…目の前にある生活の問題をどう解決していくつもりなのか、政治家の地力を見極める選挙サンデーにしたい∨

石破首相にも野党にも物申す装いを凝らしながら「未来の国家像」にもっていく――これぞ、日本の独占資本家どもの意を体した読売新聞首脳部の垂れ流すブルジョア・イデオロギーである。なぜなら、「未来の国家像」というかたちで、国家なるものを至上の価値あるものとして押し出しているのだからである。

現存する国家は、資本家階級と労働者階級との階級的対立を物質的基礎にして、資本家階級が労働者階級を支配するために、みずからの階級的な特殊利害を「共同利害」として、すなわち社会のすべての成員の共同の利害であるかのように見せかけて、社会全体に妥当させ、これを物質化したものである。したがって、この「共同利害」は幻想的なものであり、「幻想的な共同性」にほかならないのであって、これが、現存する国家の本質なのである。

労働者たちをだますために、このような現存国家が未来永劫つづくものとして前提にして、その未来像を考えるように、労働者たちにしむけているのが、日本独占ブルジョアジーの代弁者・読売新聞首脳部なのである。

みんな、だまされてはならない。

われわれは、このようなブルジョア国家を打倒し、プロレタリアート（労働者階級）の利害を貫徹した国家をうちたてなければならない。そして階級そのものを廃絶しなければならない。階級がなくなるとともに、このようなプロレタリア国家もまた死滅する。われわれは、階級がなく・国家のない、したがって政治というものがない共同社会を創造し建設するのである。この共同社会の基礎となるのが、政治的性格をなくしたソビエト（労働者協議会）なのである。

われわれが、機が熟したときに一気に創造することを意志しているソビエト（労働者評議会）とは、まさに、このような歴史的使命を帯びたものなのである。

きょうの日曜日を――出勤の労働者も多いと思うのであるが――、どうしようもない政治家どもの地力を見極めるなどという・徒労の選挙サンデーなるものにするのではなく、労働者階級の未来を、われわれの目的として構想し、われわれの意志をしっかりとうちかためる日にしよう！

二〇二四年一〇月二〇日

〔4〕日本共産党は「趣味や家族との時間を」と言う。この過酷な、うつ病にされる労働をどうするのか。のんきなものだ！

日本共産党は次のように言う。

「人間はただ働いて、食べて、寝るだけの存在ではありません。趣味や家族との時間など「自由な時間」があってこそ、豊かな人生ではないでしょうか」、と。

何をのんきな！

労働者は、過酷な労働を強いられているのである。食べるだけの食料を買えないのである。寝る時間もないのである。「趣味や家族との時間」などと言っているほどの余裕はないのである。もっとせっぱづまっているのである。

これをどうするのか。

労働者は、うつ病にされるほどに追いつめられているのである。これは、労働者が資本家によって搾取されているからなのだ。資本によって労働という生き血を吸われているからなのだ。労働者の労働は、資本主義的に疎外された労働であるからなのだ。

この搾取を、この労働の疎外を、そのままにしておいて、「人間はただ働いているだけの存在ではない」

とは何事か。

彼らがこんなことを言うのは、日本共産党の指導部が「修正資本主義」の路線をとっているからなのである。すなわち、資本主義の枠内での改良を追い求めているからなのである。

彼ら日共指導部は、資本が賃労働を搾取する関係を転覆する、という気がないのである。疎外された労働を廃絶し、労働の本質形態を実現する、という気がないのである。彼らは、現在の資本主義的な秩序にどっぷりとつかっているのである。

ほかの政党は、もっと右であるか、右そのものである。

こんな連中が人気取りのための言辞を弄しているのが、国会であり、国会選挙なのである。

こんな連中を一掃しよう！

資本主義的な支配秩序そのものをその根底からくつがえそう！

がんばろう！

二〇二四年一〇月二〇日

〔5〕「自由な時間を搾取されている」——共産党の労働者をだます言辞！

日本共産党委員長の田村智子は次のように言った。

「いまの社会で搾取されているというのは、物やお金が搾取されているということではありません。自由な時間が搾取されているのです。この自由を取り戻すのが、共産党の言う社会主義・共産主義なのです。」

おお、なんと！

これぞ、票欲しさのために、搾取を実感している労働者をだます言辞だ。

労働者は自分の労働を搾取されているのである。この労働の搾取をおおい隠すための言辞が「自由な時間を搾取されている」なのである。

「自由」とは何か。

この資本主義社会の労働者は、生産手段をもたず、自分の労働力を切り売りする以外に生きていくことのできない存在なのである。この労働力を買い、労働者をこき使うのが、生産手段をもっている資本家なのである。労働者と資本家とのこの敵対的な階級的関係をおおい隠すために資本家がふりまくのが、「人間はみんな自由なんだ」という「自由」のイデオロギーなのである。この資本主義社会における自由とは、労働者は生産手段から自由である＝生産手段をもたない、ということであり、労働者は自分の労働力を売る自由がある（これが、人格的に自由だ、ということ）、ということなのである。

この「自由」のイデオロギーを至上の価値あるものとするのは、共産党が、この資本主義社会が永遠につづいてほしい、と考えているということなのであり、ちょっとばかり趣味に没頭できる社会を社会主義・共産主義と言いくるめている、ということなのである。

ただただ票が欲しいと考える連中は、このようなものになり果てるのである。

このような連中の正体を見ぬこう！

二〇二四年一〇月二二日

〈6〉「四人組国家」に焦燥感をつのらせるアメリカの政治エリート

中国、ロシア、イラン、北朝鮮の四か国を、毛沢東のとりまきであった中国の「四人組」になぞらえて「四人組」国家」と呼ぶ人物がいる。アメリカ外交問題評議会名誉会長という肩書のリチャード・ハースである。私は、この人物を「読売新聞」（一〇月二一日朝刊）の当人執筆の記事ではじめて知った。

この人物は、中国に危機意識丸出しだ。

「中国が他の三か国と根本的に違うことも事態を複雑にしている。中国はグローバル経済に組み込まれ、西側の多くの国にとっても主要な貿易相手だ。中国を経済的に孤立させて態度を改めさせようとしても、効果は限定的だろう。

中国は既存の国際秩序をひっくり返すのではなく、自国にとって都合良くねじ曲げようとする点でも。四か国の中で特異である。」

「米国と西側の影響力には、自らの強さが反映される。意味するところは、米欧とインド太平洋に広がる防衛産業の基盤を立て直し、軍事的能力を強化・統合し、複数の地域で危機が起きる可能性に備える必要があるということだ。何より、西側は四か国に依存しない死活的物資のリプライチェーン（供給網）を作り出さねばならない。

米国は核兵器を近代化して、中国の大規模な核軍拡と北朝鮮の執拗な核戦力増強、そしてロシアとの新戦略兵器削減条約（新ＳＴＡＲＴ）が二〇二六年に失効する可能性に備えなければならない。」

これを読むと、この男の中国への焦燥感がビンビン伝わってくる。

「中国はグローバル経済に組み込まれ」ているというのは、西側帝国主義諸国が中国に依存している、ということである。中国が「特異」というのも、中国にしてやられている、ということである。

この中国を中心とする「四人組国家」に対抗するために、この男が「防衛産業の基盤を立て直し」と言っていることに着目すべきである。この文章が「読売新聞」に掲載するためのものとして書かれていることに端的にしめされるように、この男は、日本の国家権力者と独占資本家どもにむかって言っているのである。

核兵器の近代化は自分たちアメリカがやるから、――核兵器には関心をもつことなく――日本国家と日本の軍需独占体は、ウクライナでロシアと戦っている間に台湾をめぐって中国との戦争が勃発することに備えて、その戦争に必要な兵器を継続的に生産するだけの能力をもつ軍需産業を日本国内および自国の周辺諸国につくれ、というわけなのである。

そんなことは言われるまでもなく承知之助だ、とばかりに、日本国家が世界に雄飛する日本ナショナリズムを鼓吹して、アメリカと連携をとっての日本の軍需産業の育成と日本軍（自衛隊）の軍事力の強化に邁進しているのが、日本国家権力者・石破茂と日本の独占資本家どもなのである。

このような日本の国家権力者と独占資本家どもにたいして、労働者階級の団結の強化をもってたちむかうこととは無縁の地平で、自党の票の獲得に現《うつつ》をぬかしているのは、まさに反プロレタリア的なのである。日本共産党も立憲民主党もそうである。

労働者・勤労者・学生たちは、危機的事態の勃発に備え、そのときには、ソビエト（労働者評議会）を結成してたたかうことを意志して、石破政権による日米軍事同盟の強化と日本の軍事力の強化に反対してたたかおう！

労働組合において・あるいは・労働組合のない職場において、労働者たちの階級的団結を強化するために奮闘しよう！

二〇二四年一〇月二一日

〔7〕「最低賃金一五〇〇円」を叫ぶのは何のためか。与党も野党も、労働者のためではない

与党も野党もおしなべて「最低賃金、時給一五〇〇円」「一五〇〇円以上」を叫ぶ。彼らがこんなふうに叫ぶのは、何のためか。それは、労働者のためではない。それは、見せかけであり、労働者をだますためである。だまして票を得るためである。

彼らがそう叫ぶ真の狙いは、日本資本主義の延命を図るためなのである。労働者の賃金を上げなければ、日本資本主義は衰退していく一方なのである。だから、「一五〇〇円」の叫びには、おしなべて、そう叫ぶ者たちの日本ナショナリズムが、日本資本主義の衰退をくいとめ、日本国家を世界に雄飛させたい、という日本ナショナリズムがつらぬかれているのである。

もっとも饒舌であり本心を語っているのは、経済界のイデオローグである経済同友会の代表幹事・新浪剛史である。ローソン、サントリーなどの経営者をやってきた男である。

この男は言う。

「(一五〇〇円を)払えない経営者は失格ということだ」、と。

この言にしめされている、日本独占ブルジョアジーの意志は何か。それは、日本の産業構造を再編したい、諸企業を淘汰したい、ということなのである。

独占資本家どもも、政治家どもも、おしなべて言う。人材の流動化を実現しなければならない、労働者たちはスキルアップして、衰退産業から成長産業にうつれば、賃金が上がり、生活がうるおうではないか、と。

この言が、日本の政治経済構造を、日本の国家独占資本主義を、どのように再編することを狙うものであるのか、ということを、われわれは分析しなければならない。

その構造を見よう。

労働市場がひっ迫しているという現在の物質的諸条件のもとで、政府・財界・諸政党・「連合」をはじめとする労働組合の指導部が、「賃上げを」と大合唱し、政府・金融当局は、物価を上昇させ賃上げを誘導する財政・金融・労働政策を実施する。そうすると、大きな企業利益をあげており豊富に資金を蓄積している諸企業が、新たな人材を自企業に呼びこむために賃金を上げる。このような諸企業は、ＡＩ技術・ＩＴ（情報技術）を開発しその技術諸形態を生産している諸企業、およびその技術を導入し駆使してその生産物と生産過程を技術化しているところの先端的な製造業やインターネット・サービス業やまた金融業の諸企業である。

これらの諸企業は、みずからの労働過程（直接的生産過程、サービスの生産過程、そして流通過程などなどを遂行する労働過程）を技術化するために、先端的な技術を導入すると同時に、相対的に高い賃金を払って、高度な技術性をもった労働者を雇い入れ、旧来の古さくなった技術性しかもっていない労働者を放出する。雇い入れられた労働者は、新たに労働市場に参入した若い労働者か、他企業から引っこ抜かれた労働者かである。放出された労働者は、技術性の相対的に低い・よりいっそう過酷な労働を強制される諸産業か、同じ産業部門であれば付随的な諸作業に、自分の就職口を見いだす以外にない。

政府・金融当局が物価を上昇させる政策を実施しているという条件のもとでは、これらの諸企業は、技術性の高い労働者たちに、他企業よりも相対的に高い賃金を支払っても、ゆるやかなインフレーションによって実質賃金を徐々に切り下げていくことができる。高い買い物にはならない。このことを基礎にして、翌年にも、これらの諸企業は賃金を上げる。放出された労働者は、転職によって名目賃金が大幅に下がっただけではなく、物価の高騰によって実質賃金はさらに下がる。彼らは、労働者階級の内部の下の階層に転落するのである。

これらの諸企業の対極において、従来型の製造業、従来型のサービス業、そして小売業などの諸企業、とりわけ下請け・孫請けの諸企業、また個人経営は没落し、倒産する経営が相次ぐ。

経営が成り立たなくなった諸企業から放出された労働者や廃業した個人経営主は、これまでよりも名目賃金が低く過酷な労働が強いられる仕事につく以外にない。これらの労働者たちは、これまでよりも厳しい労働につくための技能を身につけるので精一杯なのであって、いわゆるスキルアップというようなことができるわけではない。スキルアップという名の技術性の高度化をなしうるのは、あらかじめ成長産業の諸企業に就職した若い労働者にかぎられるのである。

このようなかたちで産業構造の再編がなされるのであり、新興の成長産業と没落産業の差はどんどん開いていくのである。このばあいに、下層の労働者を雇う諸業種はなくなるわけではない。そのような諸業種は、たえず転落してきた労働者によって労働力が補給されるからである。給食業の盛り付け・皿洗い、トイレ掃除などの清掃、夜間の警備、工事現場の交通整理などなどの職に就く者が、下層労働者を形成する。これらの労働者の時給は最低賃金に張り付いたままであり、物価の高騰によって実質賃金は切り下げられ、生活苦に突き落とされる。これらの労働者たちは、老化や病気によって労働過程から脱落する。転落してきた労働者がそのあとがまとなるのであって、これらの諸業種の諸企業は、決してなくなることはなく、どれだけ労働者を苦しめいじめぬき、彼らから労働を搾り取るのかの度合によって淘汰をくりかえしながら、存続しつづけるのである。

これらの諸企業は、最低賃金が引き上げられることにたいしては、一人の労働者にやらせる仕事の量は同じで、その労働者を職場に来させる一日の労働時間を短くするか、出勤日を少なくするかして、その労働者によりいっそうの労働強化を強いるとともに、月ごとに支払う賃金を削減する、というかたちで対処するのである。この悪辣さは、最低賃金の引き上げの数値によって、おおい隠されるのである。

政府・財界・諸政党・労働貴族どもが叫ぶ「最低賃金一五〇〇円」とはこのようなものなのである。

このようにして、労働者階級の階層分化はどんどんと進行するのであり、極貧層がうみだされるのである。

これが、政府・財界・諸政党・労働貴族どもが望む「産業構造の高度化、人材の流動化」のありのままの姿なのである。

労働者たちは、国会議員選挙とは、このような政治家が「一票をください」と頭を下げるものなのだ、ということを見ぬこう！

労働者たちは、このような現代資本主義をその根底からくつがえすために、みずからを階級として組織し、決定的瞬間にソビエト（労働者評議会）を創造する、ということを意志しよう！

二〇二四年一〇月二二日

〔8〕中国とインドの接近と、あせる日本の独占資本家ども——労働者として団結して資本家どもとたたかおう！

いまロシア中部のカザンで開かれているＢＲＩＣＳ首脳会議をめぐって特筆すべきことは、中国の習近平国家主席とインドのナレンドラ・モディ首相とが会談したことである。これは五年ぶりの首脳会談である。中国とインドとは国境をめぐって対立し、紛争をくりかえしてきたからである。今回の会談で一定の合意がなされたものとみられる。

中国の国家権力者にとってもインドの国家権力者にとっても、自国が世界の覇権をめざすためには、両国の対立を緩和することがどうしても必要なのである。

中国の権力者は、インドとの国境線にかんしてはできるだけ固定化しておいて、軍事力を、アメリカおよびそれに依存する国ぐにと抗争する台湾周辺と南シナ海に振り向けることをねらっている、といえる。それとともに、この権力者は、アメリカ帝国主義に代わって世界の覇権を握るために、東側帝国主義国の雄として、一方では、もう一つの東側帝国主義国であるロシアを牽引しながら、他方では、グローバル・サウスの最先端国をなすインドとの関係を自国に有利なかたちでつくりあげていく、ということを目論んでいる、といえる。

インドの権力者は、中国が覇権を握るよりも前に自国が世界の最強国となるために、日米豪とともに「Quad（クアッド）」を構成するというかたちで西側諸国との関係を強化しながら、これまで兵器を輸入したりして関係の強いロシアばかりではなく、中国をも自国の経済的発展に活用する、ということを策しているのだ、といえる。すでに、中国はインドの最大の輸入元となっているのであって、この権力者は、世界最大の若い労働人口を基礎にして自国の経済を飛躍的に発展させるために中国からの投資を呼びこむことを意図しているのだ、といいうる。

このような世界の動きから取り残される、とあせっているのが、日本の独占資本家どもなのである。伸長する中国とインドに日本は蹴落とされる一方なのであり、しかもその中国とインドに依存する以外には日本は生き延びていくことはできないのだからである。

アメリカの国際政治学者のイアン・ブレマーとともに「GZERO（Gゼロ）サミット」の共同議長の一人を務めた日本経済界のイデオローグ・新浪剛史は、次のように語ったのだ、という（「読売新聞」一〇月二四日朝刊）。

「中国が新興・途上国の「グローバル・サウス」との関わりを深めている。東南アジア諸国連合（ASEAN）では、米国より中国と連携すべきだとの声が大きくなってきた。領海問題に比べて緊迫化する中東情勢の方が注目され、相対的に中国の脅威は小さくなっている。」と。

この男が言うのは、領海問題には目をつむり、中国の脅威は小さくなっていると見なして、もっと中国に依存しないことには日本経済は存続できない、アメリカの方ばかりを向いていたのではだめだ、ということなのである。この言につらぬかれているのは、日本はアメリカへの依存を脱して世界に雄飛しなければならない、という日本ナショナリズムである。

国会議員選挙で与党と野党のすべてが唱和しているのは、日本の国益を追求するという日本ナショナリズムなのである。国益とは何か。それは、日本の独占資本家どもの利益なのである。それは、労働者の利益なのでは決してない。

労働者が自分たちの利害を貫徹するためには、労働者階級として団結し、資本家階級にたちむかわなければならない。それは、投票所で一票を投じるということによっては実現しえない。職場で労働者の団結をかちとらなければならない。

労働者として団結してたたかおう！

二〇二四年一〇月二四日

〔9〕「令和の金の卵」がＩＴの技術者に。衰退産業から放出された中高年労働者には没落あるのみ！

「令和の金の卵」がいま脚光を浴びているようだ。今朝のＮＨＫのニュースでやっていた。かつての一九五〇年代・六〇年代の「金の卵」は、中卒者だったが、いまは高卒者だ。

彼らはきわめて優秀であるようなのだ。高卒人材の奪い合いになっており、諸企業は高卒採用を増やしたり、新たに高卒採用枠をつくったりしているそうなのだ。

ある寿司店は、これまで大卒者と高卒者とのあいだに設けていた三万円の格差を完全になくし、両者ともに初任給を二五万円にしたのだという。

注目すべきなのは、ＩＴ（情報技術）の技術者の育成である。ある企業は、専門的知識のまったくない高卒の女性（顔はほんとうに高卒の女の子という感じであった）を採用し、六か月みっちり教育し訓練してプログラミングを体得させたので、これから技術開発部門に配属するのだ、という。デジタルネイティブ（インターネットやパソコンなどのデジタル機器に親しんで育った世代）の人材なので、こういうことができるのだという。

これでは、在来の中高年労働者は太刀打ちできない。

従来の技術性しかもっていない労働者を、このような新たな若い労働者にとって代える、というのが、新浪剛史らの独占資本家どもの言う「人材の流動化」ということなのであり、いま選挙で票を奪い合っている・与党と野党をふくむすべての政党の言う「日本経済の発展」なのである。

この若い労働者の前途には、企業経営陣からの技術開発課題の強制によるうつ病と過労死が待ち受けている。衰退産業から放出された労働者には、より一つ下の階層への転落が待ち受けている。これまでよりも格段に低い賃金とよりいっそう過酷な労働が、その姿だ。

いま、はなばなしくおこなわれている選挙戦と国会は、労働者のこの苦しい現実をおおい隠すためのイチジクの葉なのである。労働者の利益を守るかのように見せかけて議員になったうえで裏切り・労働者を踏みにじるのが、議席をあらそっている・すべての政党の立候補者なのだ。

新たに採用された若い労働者も、ずっと疎外された労働に苦しめられてきている労働者も、そして衰退産業から放出され・より一つ下の階層への転落を余儀なくされた労働者も、すべての労働者は、独占資本家どもの搾取にたちむかうために、労働者として団結しよう！

労働者による労働者のための労働者の組織たる労働者評議会（ソビエト）を創造し、この組織を基礎にして搾取そのものを廃絶する、ということを意志して、いま、労働組合の、職場の労働者の団結を強化するために奮闘しよう！

二〇二四年一〇月二五日

六　介護労働者をいかに変革すべきなのか

〔1〕介護労働者が大変——私が働いていた老人ホームでは

私は、いまは年をとりすぎて退職したが、七〇歳代半ばまで養護老人ホームの厨房で働いていた。調理補助つまり盛り付け・皿洗いの仕事だった。私が雇用されていた会社は、施設から給食の業務を委託されていた。私は、雇用主のちがう・若い介護労働者をも組織するためにいろいろと働きかけたのだが、うまくいかなかった。厨房の労働者には全員に渡していた私が書いた本を、『二一世紀の資本主義と変革主体の危機』——みんなに渡すことを目的として、これには、この厨房における私やみんなの労働についても書いていた——だけではなく、『共産主義経済建設論』などをも、読んでくれ、と言って渡して話したのだが。私が管理者とたたかっている姿を見ていない介護労働者は、厨房の労働者とは、その意識がまるで違ったのである。

施設には、検食というのがあった。入所者にふさわしいかどうか、毎食、職員に食べてもらうものである。朝食と昼食は介護士が食べたが、夕食は守衛さんが食べた。政府が介護施設への援助金を減らすというニュースが流れたときがあった。介護施設の労働者の賃金が切り下げられそうだった。私は、守衛さん用の夕食を事務室に持っていったとき、事務をとっていた七〜八人の事務の労働者に、「政府が援助金を減らすということで、介護士さん大変ですね。いっしょにたたかいましょう」、と声をかけた。一人の労働者は、「ニュースでは介護士が大変だといわれているけれども、私たち事務はもっと悲惨なんですよ」、と呼応してくれた。しかし、別の人はそれをさえぎるかのように、「厨房さんへのお支払いはこれまで通りきちっとしますから、心配していただかなくても大丈夫です」、と答えた。この人は、私が業務委託を受けている会社として、支払いが滞らないか心配している、とうけとったようだった。いろいろ声をかけたが、みんな、私が自分の会社の管理者とたたかっている人間なんだ、と感じとってくれなかった、ということが大きかった。管理者とたたかうということそれ自体がわからないようだった。

あるとき、夕食後、二階からワゴンが下りてこないのでとりにいった。入所者が一〇人ぐらいずつで一つのユニットになっていて、介護労働者は、二つのユニットで一単位というかたちで労働しているようであった。ユニットは、空・虹、つまり空に虹、海・魚、つまり海に魚というように、名前がつけられていた。二階にはこの四つのユニットがあった。これの空と虹の二つのワゴンが下りてこないのだった。介護労働者が各部屋から車いすで真ん中の食堂に運んで空と虹の入所者がいっしょに食事をとるようになっていた。私は厨房と直結したエレベーターで二階に上がって「大変だねえ」と声をかけた。若い女性の介護労働者が一人でとぼとぼと食器の片づけをやっていた。「今日は休んだ人がいて、一人で食事介助なんですよ」と泣きそうな声で言った。「支援の体制をつくらないなんて施設もひどいね。空と虹だから二〇人もじゃない。うちの会社もひどいけど」と私は言って、食べ残しをバケツに捨て、同じ食器ごとにかさねて番重《ばんじゅう》にいれ、番重とバケツをワゴンに積むのを手伝って、そのワゴンを下におろした。見るからに介護労働者は大変だった。

二〇二四年一一月二九日

〔2〕反抗する老人に怒りをいだき、そうなった自己への嫌悪におちいることを突破するために

私が二階に届け物をしてエレベーターに乗ったとき、三〇代ぐらいの女性のベテランらしい介護労働者が乗りこんできた。ドアが閉まるかどうか。いきなり、彼女は言った。「ん、もう！　あのおばあちゃん、頭にくる。おにぎり作ってくれ、と言うから作ってあげたら、いらん、と食べない。もう、勝手なんだから。このいそがしいというのに！」怒り心頭に発する、というふうに、カンカンだった。私は「それは大変ですね」、と言うのが精いっぱいだった。一階についたとたんに彼女は走っていった。

厨房のわれわれに見えているのはこれぐらいであって、入浴介助で、腕をひっかかれたり、足をけられたり。おむつを代えようとしたら暴れて一面べとべとになったり、というようであった。

厨房の外の廊下から泣き叫ぶ声が聞こえるので、重い引き戸を開けると、車いすに乗った痩せたおばあさんが目を引きつらせて「何やってんの！私の言ったことわからんの！それでも介護士！」と若い女性の

介護労働者を罵倒しつづけていた。彼女は「行きましょうね」と言いながら、手をバタバタさせて拒否するおばあさんにほとほと困っていた。

そうかと思うと別のおばあさんが介護士に車いすを押してもらって引き戸のところまでやってきた。介護士が引き戸を開けて、厨房のわれわれに遠慮がちに「この入所者様が、厨房の方に言いたいことがあるそうで」と言った。おばあさんが怒鳴った。「インゲンの切り方、あれ何！あんな短いの何よ！私はいろんな老人ホームまわってきたけど、こんな切り方見たことない！」とまくしたてた。連れてきた介護労働者は、説得にほとほと手をやいて、厨房の人間に直接ぶつけさせに来たようだった。われわれは、「すみません。気をつけます」と平謝りにあやまった。のどに詰まらせてもらっては困るので、今後も同じように切る以外にないのだが。いつも切り方は同じなので、怒った原因は別のところにあるようだった。

みんな認知症がすすんでいるようで、いまの直前のことがわからないようだった。

介護労働者は、社会の役にたとう、がんばってきた老人の役にたとうと、熱意と希望に燃えて老人ホームにやってきたのに、その老人に罵倒され反抗されて「この人なんか、殴ってやりたい」という気持ちになり、そんな気持ちになった自分に自己嫌悪を覚えた、という人も多い、と私は聞いた。

介護労働者のみなさん！

そういう自分を省みながら、目の前の老人たちがどういう生活をおくってきたのか、どういう過去を背負っているのか、そして今どういう扱いをうけているのかをみよう。

私が接したり聞いたりしたところの怒った老人は、女性ばかりだった。この地は、カカア天下で名高い群馬県、上州であるからかもしれない。気丈夫に一家を背負ってきた人だ、という印象を私はうけた。いまはもう生糸の生産ということはないから、いろいろと働いてきたのだろう。

厨房でいっしょに働いていた私よりも少し若いぐらいの老齢の女性たちは、それぞれ壮絶な生涯を送ってきていた。ここで書くのははばかられるので書かないが、過酷だった。

どうしてもそういう目で、ここで生活している老人たちを私は見るのである。

そうすると、資本からすれば、もはや労働力としては役立たず、搾取材料たりえなくなった人間たちが、ポンコツとしてここに集められ、芋の子を洗うようにして、自然的生命だけを生きながらえるように扱われている、という気が、私にはするのである。資本家のその下働きをさせられ、こき使われているのが、介護労働者である、と。そして、料理をつくり提供している厨房のわれわれもまたそうである、と。

介護労働者がそのときどきに老人の気持ちをうまく汲みえたかどうか、ということはあるであろう。だが、それを超えるものがある、と私は思うのである。老人にとって、自分は社会にいらない人間として、役立たずとして、ここに集められているのである。しかも、記憶をたどっても、自分が役に立つと見なされたのは、自分がこき使われていたときであった。老人たちは、いまここに存在しているだけで、何が何だかわからないままにわが身が怒りで震えるのではないだろうか。おにぎりをいらないと拒否した老人、介護労働者を罵倒していた老人、インゲンが短いと言って喚いた老人を見て、私はその人の内面に、言い知れぬ怒りを感じるのである。

認知症にしてからがそうだ。認知症は、他者との人間的な関係がたたれると一気にすすむのである。認知症は超歴史的なものではない。アルツハイマー型か、レピー小体型か、というような話ではない。介護労働者は、この老人たちを、ただ生命を維持するように取り扱わされているのである。この老人たちの壮年時代を見ても、彼らは搾取材料とされてきたのである。彼らの脳と感性は徹底的に委縮させられているのである。

介護労働者のみなさん！

この現実に怒りをもとう。自分がこのようにさせられているこの社会に怒ろう。自分をこのようなかたちでこき使っている資本家に憤ろう。このようなものとされている自己存在を否定しよう。このような自己から脱却し、この社会を転覆する意志をおのれ自身に創造し、この社会を変革する闘いに起ちあがろう。

この意志の創造が、自己嫌悪におちいる自己を突破するものなのである。

二〇二四年一一月二九日

〔3〕統合失調症が発症する要因は何か

うつ病や過労死ばかりではなく、統合失調症でさえも、その人を介護し看護する介護労働者や看護労働者は、その人がこの病におちいった要因を分析しなければならない。この病気を病む人は、それ固有の遺伝的形質をもつのであるが、この形質をもつということとこの病が現に発症するということとは別だからである。

その人は、仕事をしていたときに、その仕事の成績にかんして上司から叱責されつづけていたかもしれないのである。あるいは、重い課題を課され、神経を使う厳しい労働を毎日毎日寝る間もないほどに自己責任においてやらされていたのかもしれないのである。さらには、それよりも過去の子どものころに、両親が喧嘩ばかりしていて、感情がはげしく揺さぶられ、感情をもちえなくなるというものを背負っていたのかもしれないのである。

こういうときには、人は、普通は、うつ病になる。これに反して、統合失調症になりやすい形質をもっていた人は、この病気を発症することになるのである。

だから、資本制的に疎外された労働は過酷なのである。また、他者を蹴落とさなければ生きていけない、この資本の支配する競争社会は、精神をむしばむのである。

介護労働者たちや看護労働者たちは、介護し看護する相手である統合失調症におちいった人に接したとき、この病気を発症させたこの人の過去に思いをはせ、この社会そのものに怒りをもやさなければならない。

この人の幻覚を、そんなものは存在しないと否定することは、この人にとって耐えがたいことである。現に見えているのだからである。看護労働者や介護労働者は、幻覚が見えているこの人をうけいれなければならない。しかし、それは、自分を殺したり、やり方として体得したりすることではない。この人をこの症状におちいらせたこの社会に怒り、この社会をくつがえす意志をおのれに創造して、この人に接しなければならない。この意志を創造することが、資本制的に疎外された看護労働・介護労働をする自己存在の否定であり、この自己の突破なのである。それだけが、この人のふるまいに戸惑い、激しく感情を揺さぶられても、自己を、この人におちついて相対することができるものとするのだ、と私は思うのである。

資本制的諸関係のもとで、すでにもつようになってしまったこの人の幻覚をすぐになくすことのできるいい手があるわけではないからである。自分がこうすることが、せめても、この人の心をおちつかせるものとなる、と言えるだろうからである。私は、こう思うのである。

二〇二四年一一月三〇日

〔4〕「私らは入所者に命令されている！」——養護老人ホームの介護労働者

私が働いていた養護老人ホームの厨房のドアを開けたすぐ外側にベンチがおいてあった。介護労働者たちもよく休みに来ていた。

私は、顔見知りになった若い女性の介護労働者に、私が書いた本をあげて話しかけた。

「洗浄機にかけるためにお粥のどんぶり鉢を洗っていると、どんぶり鉢に「もっと早く洗え」と命令されているような気になるんだよね」と。

…………

彼女は言った。「そうね。私らは入所者に命令されているんだよね」。

いつしか、シフトが変わったのか、彼女の顔を見かけなくなった。

介護労働者の実感はこういうことなのであろう。

洗浄作業では、これの労働対象となるものたる食器も労働手段となるものたる洗浄機やスポンジも資本家の所有物である（ここでは所有している資本家が介護施設であるか給食会社であるかの違いは度外視する）。したがって、このような労働の対象的諸条件およびわれわれ労働者の生きた労働はともに資本の定有《ていゆう》（資本がそういうものとしてあらわれた実存形態）をなすのであり、前者の死んだ労働が後者の生きた労働を吸収して増殖するのである。このゆえに、われわれ労働者の感性には、どんぶり鉢に命令されるという実感がもたらされるのである。

しかし、介護労働において労働対象となっている老人は、介護資本家の所有物ではない。老人は、介護資本家が介護労働者を使って生産する介護サービス商品の受け取り手なのである（家族がこのサービス商品を買う）。したがって、老人の叱咤のわめき声は、資本の命令なのではない。それは、老人の生の声なのである。

介護労働において資本家の所有物となっているその対象的諸条件は、労働手段となっているものである。この労働手段となっているものおよび介護労働者の生きた労働が資本の定有をなすのであり、ベッド・入浴用機械・入所者に料理を食べさせるスプーンなどなどが資本として介護労働者に命令するのである。

しかし、介護労働者は、自分がこういうものに命令されているとは感じない。老人に命令されていると感じるのである。これは、介護労働者たちが、施設側から、「入所者様を大切にしなさい。入所者様の要請をきちっと聞きとり汲みとるんですよ」と教育されており、自分もそれを当然のことと思っているからなのである。すなわち、介護労働者たちは、介護資本家から介護にかんするブルジョア・イデオロギーを注入され、それに汚染されているからなのである。

われわれは、介護労働者たちに、自分自身がブルジョア介護イデオロギーに汚染されているのだ、という自覚をうながし、老人の生の声に、彼らがもはや搾取材料としては役立たずのポンコツとしてここに集められ、ただ自然的生命だけを維持させられていることへの無自覚的な言い知れぬ怒りを聞き取り、この社会そのものを転覆する意志をおのれ自身に創造すべきことを論議していかなければならない。

私は、当時は、介護労働者たちとこのような論議をしなければならない、という自覚はなかった。これは、いま、当時のおのれを省みて、考え、書いていることなのである。

二〇二四年一二月二日

〔5〕介護とは何か、という思想的問題を思想的にほりさげて論議することが欠如していた、と私は自覚した

前の文章の最後に、私は次のように書いた。

「私は、当時は、介護労働者たちとこのような論議をしなければならない、という自覚はなかった。これは、いま、当時のおのれを省みて、考え、書いていることなのである。」と。

私は、いま、当時のおのれを省みて、介護施設の労働者たちと、いまの社会における介護とは何か、と

いう思想的問題を思想的にほりさげて論議することが欠如していた、と自覚したのである。

介護施設に雇用されている労働者たちと給食会社に雇用されている私とでは、雇用主が違った。これに規定されて、彼らと私はいっしょに職場闘争をたたかうという関係にはなかった。介護の労働をしている労働者はいそがしく動きまわっていて、一瞬声をかける程度であった。しばしば顔を合わせたのは、介護の労働をやったうえで介護福祉士か何かの資格を取り事務の仕事にまわった労働者であった。彼女は優秀で仕事がよくでき、職場にも自分の労働にも特段の不満はなかった。私は、私の書いた本を渡して、こんなことをやっているんだよ、社会のことについていろいろ考えよう、と言うと、感心して聞いているのだが、それ以上にはいかなかった。

こういう労働者にたいしては、いまの社会における介護とは何なのか、という思想的問題そのものを提起して論議すべきであった、と私はいま、いろいろと書いてきて気づいたのである。

「あんたは、ここの入所者の老人たちがそれぞれどんな人なのかをよく知っているよね。怒ったりわめいたりするよね。なぜなんだろう。多くの人は労働者だった人だよね。どんなふうに生きてきたのだろう。ここで何が生きがいなんだろう。いまの社会を支配している資本家の側からすれば、ここの老人たちを、もうこき使うのに役立たない人間としてあつかっているんじゃないだろうか」、などなどというように論議していかなければならなかったのではないか、ということである。

二〇二四年一二月二日

〔6〕 自分自身のうちに自分の思想をつくるために奮闘しよう

過去のおのれを省みて、介護施設の労働者と思想的問題を思想的にほりさげて論議することが欠如していた、と考えると、現在そのものにおいて、仲間たちの思想そのものをつくるかたちでわれわれはわれわれの組織建設をなしえているのか、ということを、私は痛切に感じた。

われわれの仲間たちのうちには、自己変革を、これまでの欠陥を克服する内容をもつ方針にのっとって活動することというように無自覚的に考え追求する傾向があった。こうであったばあいには、自分自身のうちに自分の思想をつくっていくことができないのである。

われわれは、実践上および理論上いろいろな問題がうみだされたことを出発点にして、その思想的組織的根拠をえぐりだし、それを克服する闘いをやってきた。この克服の闘いにおいて、われわれの仲間たちの感覚をも問い、これをつくりかえる闘いをも遂行してきた。

しかし、自分自身の思想をつくるのだ、ということにかんしては、なお残された問題がある、といわなければならない。

われわれは、すでにマルクスを学びいろいろな知識を身につけ労働の本質形態について知っているというこの頭でもって、自分が日々やっている労働を弾劾する、ということがある。このばあいには、一見、自分が現にやっている労働を分析しているようでありながら、実は、労働の本質形態と資本制的に疎外された労働とを同一平面上に並べて、前者を後者にぶつけて後者を否定する、というように思惟していることになるのである。こういう思惟を克服するためには、これを克服するための思想的営みと訓練が必要なのである。

われわれは、こういう傾向があることを指摘し、これを克服しようと組織的に確認してきたけれども、こういう傾向を克服するために個別的にも組織的にも何をなすべきか、ということをねりあげ、計画的に実現していく、というようにはなしえていなかった、と私は痛感するのである。

いまこそ、この限界を突破しようではないか。

二〇二四年一二月二日

〔7〕この資本主義社会の介護での老人のあつかいを「非人間的だ」と弾劾するのは？

自分が、この資本主義社会における介護での老人のあつかいを「非人間的だ」と弾劾したとしよう。

たしかに、老人たちを養護老人ホームに詰めこみ、老人の数に比してはごく少数の介護労働者に面倒をみさせ、芋の子を洗うように入浴させるのを体験すると、これは非人間的だ、と感じ怒りたくなる。

しかし、これを「非人間的だ」と弾劾するのはどうなのであろうか。「非人間的だ」と弾劾するのに基準としている「人間的」というのは、いったいどういうことなのであろうか。

この資本主義社会では「人間」というのは一つの抽象である。人間なるものというものは実存していない。資本主義社会を構成している人間は、支配階級たる資本家階級と被支配階級たる労働者階級とに階級的に分裂しているのである。この社会において生きる人びとが観念する「人間」という抽象は、この階級的分裂をおおい隠すものなのである。

人間が人間的である、という抽象が可能なのは、この資本主義社会から、資本制という階級的で歴史的な被規定性を剥ぎ取り(すなわちこの被規定性を捨象し)、人間社会一般という人間社会の普遍的規定をつかみとったばあいなのである。われわれがこの資本主義社会の根底につかみとったところの人間社会の本質形態、この共同社会においては、人間はこの共同社会を自覚的に構成するその担い手であり、まさに人間的なのである。

この資本主義社会の介護での老人のあつかいを「非人間的だ」と弾劾するのは、われわれが普遍的規定としてつかみとったところの共同社会の自覚的担い手としての人間とこの資本主義社会における人間とを同一平面上に並べ、前者をもって後者を弾劾するものなのである。これでは、この社会における階級的存在たるプロレタリアの疎外をあばきだすものとはならないのである。賃労働者として徹底的にその生きた労働を吸い取られたうえで、もはや搾取材料としては役立たないポンコツとして集められ、ただただ生きがいのない生を強制されている老人のこの現実を、この介護の階級的本質を、あばきだすことはできないのである。

ここにつらぬかれている頭のまわし方は、肯定するか否定するかという論理、あるべきものを想定し、現にあるものを、そうではないと否定する、という論理なのである。

二〇二四年一二月三日

〔8〕「権力が国民を掌握し支配している」というのは、おかしげな文

自分が「権力が国民を掌握し支配している」という文を書いたとしよう。この文を読みかえすと、この文はおかしげな文だ、と自分自身で気づくであろう。気づかないかもしれないが。

「国民」というと、国民と規定されるもののなかには、被支配階級たる労働者階級ばかりではなく、支配階級たる資本家階級もふくまれるのである。また、この資本家階級の利害を体現しているのが国家権力である。この文では、自分たち資本家階級がつくりだした国家権力が自分たち資本家階級自身をふくむものを掌握し支配している、ということになる。これは、いかにもおかしい。支配ということを考えるならば、資本家階級が労働者階級を支配するのである。権力が国民なるものを支配するのではない。資本家階級が労働者階級を支配するために国家を創造するのである。

自分がこのような文を書いてしまうのはなぜなのか。それは、自分が、自分は労働者であり国民の一員である、という意識を残したままで、自分たちを支配し抑圧してくる国家権力に反抗する、という感覚を

もっているからだ、といわなければならない。自分を国民というように感じるという過去にもっていた意識を自分の心の奥底に残しているのである。この意識が、自分を労働者であると感じる意識と、自分の心のなかで同居しているのである。自分は労働者であって国民である、というように感じるのである。そのうえで、この自分を規制し支配し抑圧してくる国家権力にがまんがならない、許さない、という衝動が自己にうずくのである。こうなっているのではないだろうか。

こういう内面の何が問題なのか。自分が、自分を規制し支配し抑圧してくる・自己にとっての外的なものにたちむかう、となっていることが問題なのである。自分が、自分の外側にあるものにたちむかうのであるかぎり、自分は今の自分のままで、この外的なものにたちむかうことができるのである。自分を変えなくてすむのである。これが問題なのである。

いまなおこのブルジョア国家が存在するのは、これまで(いまでは、かつてであるが)自分自身がブルジョア・イデオロギーにおかされ、この国家を許してきたからではないだろうか。この自分自身が一切のブルジョア・イデオロギーから決裂することが必要なのではないだろうか。「権力が国民を掌握し支配している」というのでは、このように怒りをもやしているのでは、自分はこの国民の一員として、自分を変えなくてすむのではないだろうか。

階級を形成しているところの資本家は資本の人格化であり、労働者は賃労働の人格化である。資本は、日々、われわれ労働者の生きた労働を吸収して増殖しているのである。資本は賃労働の凝結物である。われわれ労働者は、日々、資本をつくりだしているのである。われわれは資本に外的に対立するのではない。われわれが資本にたちむかうことは、自己にたちむかうことである。自己存在の否定である。われわれは、自分が資本を増殖していることを、この賃労働と資本との関係そのものを、この階級関係そのものを、根底から転覆するのだ、という意志をうちかためなければならない。この意志の創造は、自己の変革である。

この自覚にたって、現在のこの自己を変革しよう！

二〇二四年一二月四日

〔9〕現にあるものを「非人間的」と弾劾する思考法を論理的にほりさげて考える

自分が養護老人ホームにおける老人のあつかい方を「非人間的」と弾劾したとするならば、そこにはどういう問題がはらまれているのか、ということを先に論じた。このように頭をまわしてしまう問題をさらに論理的にほりさげていくためには、複雑な考察を要する。ここで基準とされている人間的なものにかんして、人間的な老人介護というようなものを念頭において、老人介護の本質形態というものを考える、ということはできないからである。このことは次のことを考えるとわかる。

われわれは、現在の社会からこれの階級的・歴史的被規定性を捨象することをとおして、人間社会の本質形態をつかみとることができる。この規定は、われわれが現にあるものを深くほりさげることをとおしてつかみとったものなのであるが、これを歴史的過去にたおして、社会の本質形態の・歴史的過去におけ る実存形態は何か、と問うならば、それは原始共同体をなす、ということができる。原始共同体は階級のない社会だったのだからである。この論理を駆使して、原始共同体における老人介護の実存形態は何か、と問う、というようなことはできないのである。当時は年老いても死ぬまで働いていたであろうし、働けなくなったらすぐに死んでいたであろうからである。ましてや、当時は認知症などというものはなかったであろうからである。

資本主義社会を打倒したうえでうちたてられる将来の共同社会ということを考えても、この共同社会における老人介護の実存形態は何か、というように問題をたてることはできない。いまの資本主義社会において労働者は徹底的にこき使われ搾取されたうえでいまの老人ができあがっているのであって、資本制的に疎外された労働ではなく疎外されざる労働をやってきた人間が年老いてどうなるのか、というようなことはわれわれにはわからないからである。そういう人間は頭と体が破壊されていないから、年老いても共同体的労働の一端を担い、共同生活をおくるのではないか、と私は想像するのである。

もっと言えば、介護の本質形態ではなく、介護労働の本質形態というようなものを考え、将来の共同社会における介護労働はどのようなものか、というようには考えることができないのである。共同社会においては、個々の特殊的労働が一つの自立的形態をとることはないからである。

そこで、思考法そのものについて考察するために、——介護ということからは少し離れて、——あるべきものを想定し、現にあるものを、そうではないと否定する、という頭のまわし方それ自体を論理的にほりさげて考えることが必要である。

長くなったので、今日はここまでにする。

二〇二四年一二月五日

〔10〕「今日の介護労働は介護労働者の自由な意志と意欲にもとづく労働ではない」という展開にはらまれているもの

「介護労働は本質的に介護労働者の自由な意志と意欲にもとづく労働である。それが資本によってゆがめられているので、それをうちやぶるために介護労働者は本来的なかたちで介護労働をおこなう必要がある」、と論じる学者を念頭において、「今日の介護労働は介護労働者の自由な意志と意欲にもとづく労働ではない。資本家の目的を強制された労働である」、というように論じることがある。ここにはどういう問題がはらまれているか。

「学者のこういう展開は誤りである。なぜなら……」というように、学者の駆使している論理をつかみとり、これを論理的にひっくりかえしていくのならいいのだが、学者の主張をなぞって、これに「ではない」とくっつけると、それは誤謬なのであり、自分がそうするのは、自分自身が、あるべきものを想定し、現にあるものを、そうではないと否定する、という頭のまわし方をしていることにもとづくのである。

われわれは、現にある労働は疎外された労働であり、この労働の根底につかみとられたところの労働の本質形態、この労働の本質形態の資本制的疎外形態である、ということを知っているわけである。そうすると、労働の本質形態について知っているという自分の頭から、現にあるものはそういうものではない、といいたくなるのである。しかし、こういいたくなり、こういってしまうのは、現にあるものを下向的に分析することが欠如しているのであり、あるべきものを想定し、現にあるものを、そうではないと否定する頭のまわし方をしているのである。

こう頭をまわしたときには、労働の本質形態と現にある労働とを同一平面上に並べて、前者を後者にぶちあてて後者を否定する、というように思惟しているのである。こうなるのは、現にあるものの下向分析が欠如しているからなのである。

さらに、いま言ったところの同一平面上に並べて、ということを存在論的把握の論理としてどうおかしいのか、ということをほりさげていかなければならない。このことをほりさげて考察するために、介護労働の本質形態ということは言えないので、――介護労働過程ないし介護サービス商品の生産過程ではなく、――資本の直接的生産過程をどのように論理的に把握するのか、という問題をとりあげる。

われわれは、現におこなわれているもろもろの生産過程を資本の直接的生産過程として捉える。この直接的生産過程は労働過程と価値増殖過程との直接的統一をなす。この直接的生産過程からその階級性・歴史性を捨象し、さらに人間が自然に働きかけるという抽象のレベルにまでほりさげることによって、労働過程一般すなわち疎外されざる労働過程=労働過程の本質形態がつかみとられる。この労働過程の本質形態と、直接的生産過程の一契機としての労働過程すなわち価値増殖過程と統一された労働過程とは区別されなければならない。

ところが、このことは熟知していたとしても、下向分析的な頭のまわし方が欠如しているばあいには、労働過程の本質形態を知っているという頭から、資本の直接的生産過程を見て、労働過程の本質形態と、資本の直接的生産過程の諸規定および資本の労働過程の諸規定そして価値増殖過程の諸規定の三者をいっしょくたにしたものとを、同一平面上に並べて、前者の本質形態を後者のいっしょくたになったものにぶちあて、後者を弾劾する、というようになってしまうのである。このことは、前者の本質形態がつかみとられる抽象のレベルと、後者の資本の直接的生産過程（したがって資本の労働過程および価値増殖過程）の諸規定がつかみとられる抽象のレベルとが異なる、ということの論理的把握がふっとんでいることにもとづくのである。そして、このふっとびは、下向分析的思考法が欠如していることを根拠にしている、ということなのである。

二〇二四年一二月五日

七　マルクス主義は自分の外側にあるものか

〔1〕　マルクス主義を「舶来品」と呼んだ黒田寛一は、マルクス主義を自分の外側にあるものとしている

「革マル派」中央官僚は、「解放」新年号に、『呪縛からの解放』という本に書かれてある黒田寛一の文章

を引用した。ここでは、とりあげるに足りない、引用した中央官僚ではなく、引用されている黒田の文章を検討する。

黒田寛一の文章は次の言葉ではじまる。

「ほかならぬ舶来品たるマルクス主義をば、……」、と。

だが、マルクス主義を「舶来品」と呼んだのでは、こう呼んだ黒田寛一はマルクス主義を自分の外側にあるものとしているのである。黒田は、自分が主体化しているマルクス主義を客体化し、自分の外側に置いた・客体としてのマルクス主義を、自分はそれの外側から眺めているのである。この黒田は、自分を語ってはいないのである。もしも、これが、黒田が自分を語ったものであるとするならば、この黒田はいったいどうなっていたのか、ということになるのである。

では、「日本においてマルクス主義が土着化するということは、」という展開はどうか。これは、マルクス主義の土着化なるものを設定し、それを客体的で結果的に説明したものでしかない。自分自身の主体的な思惟をなんら語っているものではないのである。

さらに、「この過程においては民族的特殊性というものもアウフヘーベンされていく」、という論述はどうか。これもまた、設定する必要もない「民族的特殊性」なるものをあえて設定し、「アウフヘーベン」という解釈をやっているだけのことである。

黒田寛一をうけつぐことを意志するわれわれは、このようなものをすべて否定し破棄しなければならない。

私は、この黒田のように考えたことはなかったし、考えることはない。私は、自分自身の思想を変革するためにマルクスの本を読んできたのである。このようにした私は、われわれが直面している現実を分析し、この現実をわれわれはどのようにして変革すべきなのか、というように、われわれの目的と手段を考えたのである。

マルクス主義を「舶来品」などとし、「民族的特殊性」などということを考えるのは、マルクス主義を教条とし、自分が信じるべきものとしているからである、といわなければならない。今日的に検討して、私は、痛苦にも、このようにいわなければならない。

二〇二四年一二月二一日

〈2〉「マルクス的イデー」というようなものを設定する必要があるのか

いま、いろいろと考えていて、根本的な疑問がわきおこってきた。

黒田寛一は「マルクス的イデー」というものを設定した。だが、このようなものを設定する必要があるのか、われわれは、現実否定の立場にたつ、われわれは自己存在を否定する立場にたつ、これでいいではないか、というのが、いま私がもった疑問である。

黒田寛一は、「マルクス的イデー」というものを設定し、自分はそれをわがものとしている、とした。だが、彼は、晩年にそれを捨てた。これはなぜなのか。……

「マルクス的イデー」への疑問に私がたどりついたのは、わが仲間たちとおのれ自身を相互に変革し、わが組織を実体的にも形態的にもどのようにして確立していくのか、ということに発する。私は、わが仲間たちの一定のメンバーたちは、マルクス主義を自分の外側に置いて、これをどのようにして適用するのか、というように感覚と頭を働かせている、と感じるのである。

「マルクス的イデー」について考えよう。

「マルクス的イデー」を設定したり、設定された「マルクス的イデー」にひかれたりするのは、マルクスが現実否定の立場にたって現にあるものの根底につかみとったものというように自分が捉えたものを、ここから反転させて、マルクスはこのようにして人間の本来の姿をつかみとることをとおして・つかみとったこのものをみずからのイデーとして希求したのだ、というようにみたことにもとづくのではないだろうか。このようにみた者は、自分の心のうちに、マルクスが希求したものとして自分がみたものから出発し、あるべきものとしてのこのものを希求する、という意識を自分自身につくりだすことになるのではないだろうか。これはまた同時に、自分の心のうちに、現にいま生活している現存秩序のもとで生起し自分が体験することのなかに、あるべきものの瞬時の実現・あるいは・人間的なものをみいだす意識をうみだすことになるのではないだろうか。これは、自分自身が、現実否定の立場にたつことをうしなうこととなるのである。いや、これは、自分自身が、現実否定の立場にたつことをうしなっていることにもとづくのである。

二〇二四年一二月二二日

〔3〕 マルクス主義を自分の外側に置いて、これを適用する、とする意識

私は、「マルクス主義を「船来品」と呼んだのでは、こう呼んだ黒田寛一はマルクス主義を自分の外側にあるものとしているのである」、と書いた。

「船来品」と言えば日本の地のものではない、ということは歴然としているのであるが、考えてみれば、「マルクス主義を適用する」と表現しても、この表現をみれば、マルクス主義を自分の外側にあるものとしている、という雰囲気がただよってくる。しかし、このように表現する以外にないので、このように表現するること自体は仕方がない。問題は、その内実である。「自分が主体化しているマルクス主義を適用する」というように表現すればいいのかもしれない。

私は、自分を思想的につくりかえるためにマルクスの本を読む、このようにしたこの私は、直面する現実にたちむかう。——これでいいのではないか、と私は思うのである。

わが仲間たちの多くが、自分の外側にあるマルクス主義をひっぱってきて、これを、当面することがらの解明に適用する、という感じで考えているように、私は感じるのである。そうすると、これは「マルクス主義を適用する」という表現にピッタリなのである。

われわれは、自分が、当面することがらにかんして全力をふりしぼって解明する、というように追求す

ればいいではないか、と私は思うのである。そうすることによってうみだしてしまった誤謬や欠陥については、これを反省し自分をつくりかえればいい、と私は考えるのである。

「マルクス主義を適用する」とか「われわれの諸理論を適用する」とかと考えると、自分の知っていることをふりまわすようになり、自分の頭のまわし方が何か枠をはめるようなものとなって、文章を書くとカテゴリーを連ねるカテゴリックなものとなる、という気が、私はするのである。

二〇二四年一一月二二日

〔4〕マルクス主義を自分の外側にあるものとしている自分、この自分の価値意識そのものは？

マルクス主義を自分の外側にあるものと感覚し、このマルクス主義を適用する、というように自分が頭をまわしているときには、このようにしているこの自分の価値意識そのものが問題ではないのか、という気が、私はしてきた。

自分がマルクス主義を適用する、というように考えているときには、自分が面々相対しているものがあるわけである。このものに自分は何かを感じているのである。感じているから、これについて考えるのにマルクス主義を適用しよう、と自分は思うのである。自分が直面したものに自分がパッと感じた、ということの方が先である。自分は、この対象に、自分の価値意識を貫徹して感じたのである。そうすると、自分が感じたものを、すなわち、対象を自分はどのように感じたのかということを、自分がみることをとおして、ここに貫徹した自分の価値意識そのものを省みることが必要となるのである。

自分が眼前にしたものを、非人間的だ、を感じ、こういうことについては将来の共同社会ではそのときのわれわれはどういうようにやるのだろうか、と頭をまわしたとしよう。われわれはいろんなことを知っているので、いろいろと考えるのである。自分がそのように考えるように自分をつきうごかしたものは、対象を、非人間的だ、と感じたことそのものである。このように感じたことにつらぬいた自分の価値意識そのもの、自分が対象に貫徹した価値意識そのもの、対象に対決する自分自身につらぬいた自分の価値意識そのもの、自分を自分の内側からつきうごかしたものはこれである。

これが問題なのであり、これを省みなければならない、と私は考えるのである。これが、非人間的だ、というものなのである。この価値意識はプロレタリア階級的なものではないのである。

私はこう感じるのである。

二〇二四年一二月二三日

〔5〕マルクスとエンゲルスにとっての世界とは西ヨーロッパだったのか

われわれがいまほりさげようとしていることからすればまわり道になるのであるが、次のことを考えよう。

私は黒田寛一から、「マルクスとエンゲルスにとっての世界とは西ヨーロッパだったのだ」、と教えてもらったことがあった。これは、黒田の本のどこかに書いてあるのかどうかは、私は調べていないのでわからない。これは、マルクスを研究していた研究者の一般的な見解であったかもしれないし、そしていまもそうであるのかもしれない。

しかし、これは、よく考えてみれば、おかしげな話しだ。このように考えるならば、ここに言う世界から、ロシアもインドも中国も日本も除外されてしまうことになる。このように考えるならば、『ドイツ・イデオロギー』で展開されている「一挙に、同時に」という世界革命論、すなわち、生産力の世界的発展とプロレタリアートの世界史的存在を物質的基礎として、プロレタリア世界革命は一挙に、同時に実現されなければならない、という世界革命論は、当時の西ヨーロッパを物質的基礎としたものであって、それ以外の地域はマルクスとエンゲルスの視野の外であった、ということになる。いやむしろ、黒田はこういうことが言いたかったのではなかったか、という気がする。

だが、マルクスとエンゲルスは、当時のロシアに強い関心をもっていた。また、イギリスの植民地であったことからして研究されていたインドにかんして、その研究の成果を批判的に摂取する作業を彼らはやっていた。

問題は、日本が除外されている、ということにある。こうなると、日本にとっては、マルクス主義は当然にも「舶来品」だ、ということになるのである。

いや、「舶来品」ということを問題にするよりも前に、次のことが問題となる。西ヨーロッパとは異なって日本においては近代的自我が確立されていないのであって、共産主義的人間の確立のためには近代的自我の確立が土台となる、という考え方が基礎づけられることになる。さらには、一九五〇年代前半に日本共産党がとった民族解放民主主義革命路線も、そのようなものが提唱される物質的基礎はあったのであって、それに共鳴したことは一概に非難されるべきではなく、西ヨーロッパを世界としたところのマルクス主義革命理論の本質論を適用して、その路線を批判的に検討すればよい、ということになるのである。

そんなことはない、と私は考えるのである。マルクスとエンゲルスは当時の世界を物質的基礎として「一挙に、同時に」というプロレタリア世界革命論を明らかにしたのであって、日本もロシアも糞もなく、われわれはこの世界革命論をわがものとすればよい、と考えるのである。

西ヨーロッパを世界としたとするところの世界革命論を、そこから除外された日本からみる、というようにするならば、マルクスとエンゲルスが明らかにしたプロレタリアは、プロレタリア的人間の理想像として抽象化されることになるのであり、このようにした黒田を若者が学ぶならば、その多くが自分の地を否定することなくその地のままでこの理想像にあこがれることになるのだ、と私は思うのである。このような理想像にあこがれるかぎり、自分がこれまでもっていたところの、他者を思いやる心とか、人間的なものを求める心とかを、そのままプロレタリア的なものだ、と思いこんでしまうことになるのだ、といわなければならない。

二〇二四年一二月二四日

〔6〕黒田寛一の「新しい人間の探求」にみられる日本民族主義を徹底的にえぐりだそう

黒田寛一は、一九五四年ごろに書いた「新しい人間の探求」という論文（『黒田寛一　初期セレクション』上巻所収）において次のように書いている。

「日本民族のおかれたあまりにも厳しい現実にぶちあたり、ますます破綻してゆく日常生活体験と実践をとおして、平和の戦士は民族解放闘争の戦士へと脱皮をかさねてゆくであろう。惨めな日本の現状を突きやぶって、新しい祖国日本をうちたてんとする困難ではあるが輝かしいたたかいは、新しい世界の形成を目標とした全世界的なたたかいにむすびついており、かつそれに意識的に参加しているおのれを発見するにいたるであろう。」（八八頁）

このとき、黒田寛一は熱烈な日本民族主義者であった、といえる。ここまで「日本民族」「祖国日本」「民族解放闘争の戦士」と書いたのであるかぎり、日本民族を思う心は、黒田の内面で終生、消えることはない、というべきではないだろうか。もちろん、明確な自己批判をしたのであるならば、自己変革をとげた、といいうる。だが、黒田は、民族主義にかんする自己批判はまったくおこなっていないのである。黒田は、この「新しい人間の探求」という論文を『現代における平和と革命』にその第一章として収録するにあたって、民族主義的な表現を削っただけなのである。

もちろん、黒田は、マルクスの『共産党宣言』の「労働者は祖国をもたない」という展開を読んでいる。また、マルクスとエンゲルスの『ドイツ・イデオロギー』の「プロレタリア世界革命は一挙に、同時に実現されなければならない」という叙述を読んでいる。

黒田の内面では、日本民族を思う心とマルクス＝エンゲルスの世界革命論、プロレタリア・インターナショナリズムの立場とは同居しているのである。この黒田の内面には、私の想像を絶するものがある。

黒田は、「革命運動としての民族解放のたたかい」（八九頁）と書いている。黒田は、革命の第一段階は民族解放のたたかいであり、その第二段階はプロレタリア革命である、というように、きれいに整合性をつけていたのであろうか。もしもこのように整合性をつけていたのであるとするならば、たとえのちに、日本共産党式の二段階革命戦略を否定したのだとしても、日本民族を思う心そのものは、黒田の内面において、自分の情緒・情感として、実存的バネとして残っていくことになるのである。『実践と場所』全三巻における日本人主義の開花は、黒田の内面に深く大切に保存されていたものの発露であった、といわなければならない。

われわれは、黒田のこの内面をえぐりだし、その根底から突破しなければならない。

二〇二四年一二月二八日

〔7〕アメリカ占領下での日本プロレタリアートの戦略的任務は「日本の独立」ではない。プロレタリア世界革命である

一九四五年に日本は第二次世界大戦に敗北しアメリカ軍によって占領された。この占領下での日本のプロレタリアートの戦略（革命戦略）的任務は「日本の独立」なのでは決してない。それは、プロレタリア世界革命の実現なのである。それは、プロレタリア世界革命の一環としての日本におけるプロレタリアート独裁権力の樹立なのである。

なぜ、私がいまこんなことを書くのかというならば、それは、黒田寛一は終生、このことをつかんでいなかったのではないか、と思われるからである。

黒田寛一は、一九五〇年代はじめに『ヘーゲルとマルクス』『プロレタリア的人間の論理』『社会観の探求』を書いているときには、日本共産党の民族解放民主主義革命路線にもとづく火炎びん闘争に共鳴し、それを支持していた。彼は、一九九九年に出版された『黒田寛一　初期セレクション』上巻の追記で、一九五二年四月二八日公布・発効のサンフランシスコ講和条約によって日本が独立したことについての「社会科学的アプローチの欠損」（八八～八九頁）を自己批判したのであったが、自分自身の日本民族主義を自己批判したことはなかった。

このことからするならば、黒田は、終生、アメリカ帝国主義の占領下では、日本のプロレタリアートは、「アメリカ帝国主義からの解放、日本民族の独立という政治的課題の実現」（同、八八頁）をみずからの任務とするのは正しい、と考えていたのだ、と私は推論するのである。

この考えは民族主義的誤謬である、と私は考える。「日本民族の独立」あるいは「日本の独立」は、アメリカ帝国主義の占領下での日本のプロレタリアートの戦略的任務にはならない。それは、過渡的要求にもならない。当時の黒田は、過渡的要求というようなことは考えていなかったが、もしも過渡的要求ということを語るのであるとするならば、それは何の過渡的要求なのかということが問題となる。日本プロレタリア革命の過渡的要求なのか。もしもそうであるならば、日本のプロレタリアートは、プロレタリア世界革命の一環として、アメリカ帝国主義国家権力打倒を戦略的任務とするアメリカのプロレタリアートと国際的に階級的に団結して、アメリカ占領軍権力を打倒しプロレタリアート独裁権力を樹立するプロレタリア革命を実現しなければならないのであって、「日本の独立」「日本民族の独立」などということは問題となりえないのである。

日本帝国主義国家が第二次世界大戦で連合国に敗北しアメリカ軍に占領されたのである。この日本においては、アメリカ占領軍権力のもとで、すなわちアメリカ帝国主義の直接的支配のもとで、日本の資本家階級が労働者階級および農民を支配していたのである。この日本で「アメリカ帝国主義からの解放、日本民族の独立」を掲げることは、日本の資本家階級が、みずからが労働者階級および農民を支配する日本の資本主義国家権力、すなわちブルジョアジー独裁権力を樹立することを、日本のプロレタリアートが要求することを意味するのである。これは、日本のプロレタリアートが自分で自分の首を締める、ということなのである。

黒田はこんなことがわからないのである。それは、彼が日本民族主義におちいっていること、日本民族を自分の心の支えにしていることにもとづくのである。

アメリカ帝国主義による日本の直接的支配のもとで、日本のプロレタリアートは、アメリカのプロレタリアートとともに、プロレタリア世界革命の実現をおのれの戦略的任務としなければならないのである。直接的には、プロレタリア世界革命の一環として、アメリカ占領軍権力とそのもとにある日本のブルジョア政府を打倒し、プロレタリアート独裁権力を樹立するプロレタリア革命を実現することを、日本のプロレタリアートはおのれの戦略的任務としなければならないのである。

われわれは、今日的に、こういうことを明らかにしなければならない。

二〇二四年一二月二九日

〔8〕 黒田寛一は「日本民族の危機はアメリカ占領によって史上はじめてあらわれた」と書いた自分を否定したか

黒田寛一は、一九五四年に次のように書いた。

「日本民族の危機はアメリカ占領によって史上はじめてあらわれた。」（黒田寛一『読書ノート』こぶし書房、一九五四年一月十七日のところ）と。

なんで、こんな話になるのか。

日本帝国主義国家がアメリカ帝国主義国家などの連合国との戦争に敗北し、日本はアメリカ軍（GHQ）に占領されたのである。日本のプロレタリアートはアメリカ帝国主義国家の直接的支配のもとにおかれることとなったのである。日本のプロレタリアートにとっては、自分たちが日本のブルジョアジー（ブルジョアジー独裁国家）に支配されていたのから、アメリカのブルジョアジー（ブルジョアジー独裁国家）が日本のブルジョアジー（アメリカ軍権力のもとにある日本のブルジョア政府）をつうじて自分たちを支配するものへと変わったのである。ただそれだけのことである。自分たちが資本によって搾取され階級的に支配されていることには何の変りもない。だから、日本のプロレタリアートは、アメリカのプロレタリアートをはじめとする全世界のプロレタリアートとともに、プロレタリア世界革命の実現を意志しなければならないのである。

そうであるにもかかわらず、黒田が右記のように考えたのは、彼が戦前・戦中の日本に思いをよせているからである。彼は、アメリカと戦争した日本、この日本の側にたって、豊かな自然のなかで暮らし文化的伝統があり情緒と情感にあふれた日本民族、この日本民族の国土がアメリカ軍に占領された、日本民族がアメリカに支配されている、日本民族が蹂躙されている、と感じ、このことが悔しくてたまらないのである。彼が、プロレタリアートということを考えるときにも、それは、日本民族の一員としての自分という自覚と実存的支えを土台としたうえでのそれなのである。この自分を正当なものとするために、黒田は、

「プロレタリア民族主義」、「インター・ナショナリズムの一環として」の「プロレタリア・ナショナリズム」という用語までをもつくりだしたのである。

この黒田は、プロレタリア世界革命の立場を完全に放棄しているのである。彼は、「一国社会主義」のイデオロギーを支柱とする民族共産主義であるスターリン主義にどっぷりとつかっているのである。黒田は、のちにスターリン主義からの訣別を決断し、「一国社会主義」論を否定して、プロレタリア世界革命の立場を主張したのであったが、一九五四年のこの自分を否定し自己批判したことはなかったのである。

二〇二四年一二月三〇日

編著者
松代秀樹（まつしろひでき）
著書 『「資本論」と現代資本主義』（こぶし書房）
『松崎明と黒田寛一、その挫折の深層』（プラズマ出版）など
椿原清孝（つばきはらきよたか）
著書 『コロナ危機の超克』（プラズマ出版 共著）
論文「斉藤幸平によるマルクス『資本論』の小ブルジョア的改竄」など

トランプのあがき
このアメリカ第一主義とどう闘うか

2025年4月17日 初版第1刷発行

著 者 松代秀樹・椿原清孝
発行所 株式会社プラズマ出版
〒274-0825
千葉県船橋市前原西6-1-5-506
TEL・FAX：047-779-1686
e-mail：plasma.pb.20@gmail.com
URL：https://plasmashuppan.webnode.jp/
 ISBN978-4-910323-08-4 C0036